Christian Sanladerer

Schmuck- und Glückwunschkarten

Papierarchitektur · Collagen Faltschnittkarten

FALKEN

INHALT

„Viele Grüsse …" – ein Vorwort

An den schönen alten Brauch, liebe Menschen mit selbstgestalteten schriftlichen oder bildlichen Grüßen zu erfreuen, knüpft das Thema dieses Buches an: Die Herstellung von Schmuck- und Glückwunschkarten.
Seit es Papier gibt, dient es unter anderem als Träger und Übermittler persönlicher Aufmerksamkeiten – symbolhafter Ausdruck für den höflichen Umgang miteinander. Wichtigster Anlaß für Grüße auf Papier war ursprünglich der Jahreswechsel. Im Laufe der Jahrhunderte überreichte oder verschickte man jedoch solche persönlichen Gaben auch mehr und mehr zu anderen Gelegenheiten. Nach der Erfindung des Holzschnitts und des Kupferstichs im 15. Jahrhundert konnten illustrierte Glückwünsche schließlich auch vervielfältigt werden, wodurch sie zunehmend an Bedeutung gewannen. Der Austausch schriftlicher und bildlicher Grüße als Zeichen der Zuneigung fand im 18. und frühen 19. Jahrhundert seinen Höhepunkt, ja er entwickelte sich sogar zu einer beliebten Mode.
Mit der stetigen Verbesserung der manuellen Drucktechniken und der aufkommenden Industrialisierung setzte sich gegen Ende des 18. Jahrhunderts allmählich die kleine Glückwunschkarte gegenüber den bislang verbreiteten, meist großen und aufwendig gestalteten Einzelblättern durch. Es entstanden liebevolle Papierspielereien wie Klappbriefchen, Falt- und Klappkarten, Drehscheiben-, Spiral- und Hebelzugkarten – alles weit mehr als nur Mittel zum Zweck. Mit den einfacheren, industriellen Herstellungsverfahren wurden die nicht selten in aufwendiger Weise selbstangefertigten „Kartenkunstwerke" zunehmend von den in großen Auflagen hergestellten, eher „primitiven" Bildpostkarten verdrängt.
Obwohl der Fachhandel heute eine geradezu unüberschaubare Fülle von Karten zu den verschiedensten Gelegenheiten anbietet, findet man dennoch in diesem Angebot nicht immer ein geeignetes Motiv für einen ganz bestimmten Menschen. Beinahe zwangsläufig entsteht also der Wunsch, eine Karte für den Empfänger – seinem Geschmack, seinen Interessen und dem jeweiligen Anlaß entsprechend – maßzuschneidern. Nicht nur die eigentlichen Geschenke sowie deren oftmals kunstvolle Verpackung werden zunehmend persönlicher, sondern auch bereits die Glückwunschkarten lassen erkennen, wieviel dem Schenkenden am Beschenkten liegt.

Den hochaktuellen Trend der Papiergestaltung aufgreifend, stelle ich in diesem Buch Karten vor, die lediglich aus Papier und Karton gearbeitet sind. Dieses Material ist äußerst reizvoll, einfach zu beschaffen und fast problemlos zu verarbeiten. Die Entwürfe, die ich Ihnen präsentiere, heben sich ganz bewußt durch schlichtes, graphisches Design von handelsüblichen Karten ab. Glückwunschkarten zu den wichtigsten festlichen Anlässen (Geburtstag, Ostern, Weihnachten, Verlobung, Hochzeit …) sind in diesem Buch ebenso vertreten wie Schmuckkarten, die – anlaßunabhängig und „zeitlos" gestaltet – durchaus das ganze Jahr über verschickt sowie als Wohnraumdekoration aufgehängt oder -gestellt werden können.
Nur drei Arbeitstechniken stelle ich Ihnen vor, dafür aber zahlreiche Motive in unterschiedlichen Schwierigkeitsgraden, um Ihnen einen Überblick über die Möglichkeiten der Kartengestaltung mit Papier zu geben. Genaue Anleitungen am Anfang jedes Kapitels und Vorlagen für alle Karten ermöglichen das problemlose Nacharbeiten der gezeigten Modelle. Ein zusätzliches Kapitel behandelt die Herstellung passender Umschläge. Dadurch werden Sie unabhängig von Normgrößen und können so auch der „Verpackung" der Karten eine persönliche Note geben.
Alle vorgestellten Beispiele demonstrieren, daß sich mit wenigen, preisgünstigen Materialien und etwas Geschick erstaunlich reizvolle Ergebnisse erzielen lassen. Mit Phantasie und Experimentierfreude können Sie die Motivpalette natürlich unbegrenzt erweitern …

Ein Werkstoff mit Tradition

Seit der Mensch das Bedürfnis hatte, eigene Erfahrungen festzuhalten und an die Nachfahren weiterzugeben, war er auf der Suche nach geeigneten Untergründen, die Bild, Zeichen oder Schrift aufnehmen konnten. Die Natur bot dafür verschiedene Materialien an: Stein, Ton, Holz, Blätter, Tierhäute und Wachs. Da solche Informationsträger jedoch meist zu schwer, zu sperrig oder zu vergänglich waren, strebte man danach, geeignetere Materialien zu finden.

Es dauerte allerdings, von der sumerischen Bilderschrift an, die um 3000 v. Chr. in Stein und Ton geritzt wurde, noch ein ganzes Jahrtausend bis zum ersten ägyptischen Schriftstück auf Papyrus. Dieses Material, das aus dem Mark der Papyrusstaude hergestellt wird und dem das heutige Papier seinen Namen verdankt, war im Altertum der bekannteste und bis zum 10. Jahrhundert am häufigsten verwendete Informationsträger. Der Nachteil: Da die empfindliche Struktur dieses Schreib- und Zeichengrundes ein Falzen oder Heften nicht zuließ, mußte bei großer, zusammenhängender Text- und Bildmenge Blatt an Blatt geklebt und aufgerollt werden.
Diese unzulänglichen Materialeigenschaften waren nicht zuletzt der Grund für die Entwicklung eines neuen Materials, das den Papyrus schließlich ersetzte: das Pergament. Es verdankt seinen Namen der im damaligen Hauptverbreitungsgebiet gelegenen Stadt Pergamon in Kleinasien.
Bei diesem Material handelte es sich um ungegerbte, von den Haaren befreite Tierhäute, die durch entsprechende Aufbereitung beschreibbar gemacht wurden. Bis zur allgemeinen Verbreitung des Papiers in Europa war Pergament das hauptsächlich verwendete Material für die Buchherstellung, da es sich sowohl beidseitig beschreiben, als auch falzen und in Lagen zusammenheften ließ.
In Asien dienten seit Anfang des 12. vorchristlichen Jahrhunderts Bambustafeln und Holzplättchen als Träger der Mitteilungen, die auf diese Weise zu wahrhaft „gewichtigen" Angelegenheiten wurden. Etwa um 300 v. Chr. verwendete man schließlich erstmals die leichte, gewebte Seide als Informationsträger. Zu beliebig langen Bändern aneinandergefügt, entstanden Schrift- und Bilderrollen, den Papyrusrollen der Ägypter vergleichbar.
Da Seide sehr kostbar war, ist zu vermuten, daß man versuchte, die Schnittabfälle, also Fäden und Fasern, auch ohne Weben oder Flechten miteinander zu verbinden, um eine geeignete Schreibfläche zu erhalten. Da die Seide als tierische Faser, im Gegensatz zu allen Pflanzenfasern, nicht klebrig und außerdem sehr glatt ist, mußten diese Versuche zwangsläufig mißlingen. Man begann daher mit anderen, pflanzlichen Materialien zu experimentieren und hatte Erfolg. Gegen Ende des 1. Jahrhunderts n. Chr. gelang dem Chinesen Ts'ai Lun die Herstellung eines guten Schreibstoffs aus Baumrinde, Hanfabfällen, alten Fischernetzen und Lumpen. Er gilt seither allgemein als Erfinder dessen, was wir unter Papier verstehen.

Die Herstellung

Alle Grundmaterialien für die Papierherstellung wurden in steinernen Mörsern zerrieben und in Bottichen (Bütten) mit Wasser zu einer breiigen Masse vermengt. Um daraus den späteren Papierbogen zu gewinnen, mußte dieser Masse nun das Wasser entzogen werden. Dazu schöpfte man sie mit speziell angefertigten Sieben ab, die aus Chinagras oder Bambusstäbchen geflochten waren. Durch Schütteln verteilten sich die Fasern gleichmäßig; überschüssiges Wasser konnte dabei durch das Sieb abtropfen. Der pflanzliche

Anteil bewirkte, daß sie sich miteinander verfilzten. Nach dem Trocknen der dünnen Breischicht glättete und versäuberte man die so entstandenen Papierbögen. Dieser Vorgang der manuellen Papierherstellung bildete die Grundlage für die Entwicklung der industriellen Produktion, die erst viele Jahrhunderte später einsetzte. Schließlich mußten sich zuerst die sensationellen Kenntnisse der Papierherstellung von China ausgehend weiter verbreiten. In Japan entwickelten sie sich im Laufe der Jahrhunderte zu einer eigenständigen, hohen Kulturform.

Das Wissen um dieses neue Material gelangte später auch nach Westen: Im 8. Jahrhundert n. Chr. mußten chinesische Kriegsgefangene nach einer verlorenen Schlacht in Samarkand den mohammedanischen Arabern unter Strafandrohung ihre Kenntnisse preisgeben. Samarkand wurde daraufhin zum Lieferzentrum des Papiers für das riesige maurische Reich, das sich bis nach Marokko und in das südliche Spanien erstreckte. Im gesamten islamischen Machtbereich war das neue Material Grundlage für eine hohe Schreibkultur. Wissenschaft und Literatur gelangten durch das Papier zu großartiger Entfaltung. Im 12. Jahrhundert wurde es in Marokko und Südspanien erstmals selbst produziert und von hier aus ab dem 13. Jahrhundert in alle Länder Europas exportiert. Durch eigene Herstellung befreite sich Italien früher als andere europäische Länder aus der Abhängigkeit vom islamischen Machtbereich: Hier wurde bereits um die Mitte des 13. Jahrhunderts eigenes Papier geschöpft. Dazu gingen dann langsam auch alle anderen europäischen Länder über. Bis sich das Verfahren in ganz Europa durchgesetzt hatte, vergingen jedoch noch gut 400 Jahre. Vom europäischen Kontinent ausgehend, setzte sich der Siegeszug des Papiers schließlich nach Nordamerika und durch die restliche Welt fort.

Beschleunigt wurde die Verbreitung des Papiers durch die bahnbrechende Erfindung des Buchdrucks im 15. Jahrhundert. Damit stiegen jedoch gleichzeitig auch die Ansprüche bezüglich der Qualität des verwendeten Materials. Die manuelle Produktion dauerte zu lange, das Papier wurde bei steigender Nachfrage zu teuer. Mit der im 18. Jahrhundert allgemein einsetzenden Mechanisierung ging man daher auch bei der Papierherstellung allmählich zur industriellen Produktion über. Heute entsteht Papier „am laufenden Band" in Bahnen von mehreren hundert Metern pro Minute. Das Grundprinzip der Herstellung ist dabei gleich geblieben, Werkzeuge wie Materialzusammensetzung wurden im Laufe der Jahrhunderte jedoch stetig verbessert. Die Papierproduktion ist heute ein hochtechnisiertes, computergesteuertes Verfahren, dessen genauere Schilderung aber den Rahmen dieses Buches sprengen würde. Soviel jedoch zu den verwendeten Materialien: Modernes Papier besteht je nach dem Verwendungszweck aus Lumpenfasern, Holzschliff (feines Fasermaterial) oder Zellstoff. Brauchbare Fasern werden auch aus bestimmten Grassorten, zum Beispiel aus dem nordafrikanischen Alfagras, oder aus heimischem Roggen- und Weizenstroh gewonnen.

In neuerer Zeit erhält der Papierbrei noch Beimengungen von Füllstoffen (Gips, Kaolin und anderen Erden). Diese feinstens zermahlenen Substanzen füllen die Räume zwischen den Fasern aus und verleihen dem Papier große Geschmeidigkeit und eine glatte Oberfläche; der Zusatz von Leim macht es stabil und beschreibbar. Zugesetzte Farbstoffe können es in verschiedensten Nuancen einfärben.

Somit steht uns heute eine ungeheure Vielfalt verschiedenster Qualitäten zur Verfügung, so daß Papier den unterschiedlichsten Ansprüchen gerecht werden kann.

Ein vielseitiges Material

Papier ist uns im Alltag so vertraut, ja beinahe selbstverständlich geworden, daß wir diesem allgegenwärtigen Material normalerweise keine besondere Beachtung schenken. Es begegnet uns Tag für Tag als Informationsträger, bedruckt mit Bildern und Texten wie zum Beispiel die Seiten des Buches, das Sie gerade in Händen halten) oder als zweckgebundenes Verpackungsmaterial, das nach dem Gebrauch meist achtlos weggeworfen wird, als Filtertüten, Servietten, Luftschlangen und vieles mehr. Man würde diesem vielseitigen Material allerdings nicht gerecht, betrachtete man es nur als Mittel zum Zweck. Papier ist vielmehr ein ungeheuer reizvoller Werkstoff für ein eigenständiges und kreatives Gestalten. Dieser Aspekt fand in Europa lange Zeit nur wenig Beachtung, während sich im gesamten asiatischen Raum im Laufe der Jahrhunderte eine herausragende Tradition im schöpferischen Umgang mit Papier entwickeln konnte. (Man denke nur an die mittlerweile weltweit bekannte Kunst der Origamifalttechnik.) Dies mag jedoch nicht weiter verwundern, ist Asien doch das Ursprungsgebiet des Papiers.

Das Gestalten mit Papier erfordert Konzentration und Geduld – Eigenschaften, die die Asiaten durch ihre geistige Haltung, nicht zuletzt durch die Meditation, geradezu verinnerlicht haben. Auch die spezifische Ästhetik asiatischer Völker, die Reduktion auf das Wesentliche, kommt diesem einfachen Material sehr entgegen. Nicht umsonst ist Papier seit jeher im asiatischen Raum vielfältiger Bestandteil des täglichen Lebens. Zu den bekanntesten Papiererzeugnissen des Fernen Ostens gehören Lampions, Sonnenschirme, Fächer, Drachen, Masken und allerlei Spielzeug. Sogar in der traditionellen asiatischen Architektur spielt das Papier eine nicht unerhebliche Rolle (Bespannungen von Wänden und Schiebetüren mit Reispapier).

Zur Zeit des Jugendstils gelangten durch wachsendes Interesse an der asiatischen Kultur viele chinesische und japanische Papierwaren nach Europa. Dennoch erreichte das Papier hier nie einen auch nur annähernd mit Asien vergleichbaren Stellenwert.

In der heutigen Zeit erlebt dieses Material jedoch einen regelrechten Boom. Mit der Rückbesinnung auf alte Techniken und Traditionen setzt man sich zunehmend auch mit den faszinierenden gestalterischen Möglichkeiten von Papier auseinander. Auf ein sehr reizvolles Gebiet der kreativen Papierverarbeitung konzentriert sich dieses Buch: auf die Herstellung von Schmuck- und Glückwunschkarten.

PAPIERE & HILFSMITTEL

Papier fasziniert durch seine scheinbar gegensätzlichen Eigenschaften: Es ist einer der beweglichsten und zugleich stabilsten Werkstoffe. Sein Materialcharakter erlaubt unterschiedlichste Verarbeitung: Papier läßt sich falten, knittern, reißen, schneiden, kleben, perforieren (mit Lochstrukturen versehen), prägen..., und es hat einen weiteren Vorteil: Selbst bei großflächiger Verarbeitung trägt es durch sein geringes Gewicht kaum auf.

Um bei der Gestaltung von Schmuck- und Glückwunschkarten zufriedenstellende Resultate zu erhalten, sollte man am benötigten Material nicht sparen. Legen Sie sich in greifbarer Nähe Ihres sauberen, ausreichend großen Arbeitsplatzes ein größeres Sortiment von Papieren in verschiedenen Stärken und Farben zurecht. Sie können so „aus dem vollen schöpfen" und müssen sich in Ihrer Kreativität nicht wegen eventuell fehlender Farbtöne einschränken. Wie ärgerlich ist es doch, wenn man eine Idee nicht spontan umsetzen kann, weil die gewünschten Farben nicht zur Hand sind. Sicherlich werden Sie öfter Karten oder ähnliches herstellen, so daß sich die Anschaffung einer größeren Papierauswahl auf jeden Fall lohnen wird. Der Handel bietet uns heute eine schier unüberschaubare Vielfalt an Gebrauchs-, Spezial- und Werkpapieren in unterschiedlichsten Qualitäten an. Für die in diesem Buch vorgestellten Arbeitstechniken sind folgende Papiere geeignet:

Schreibmaschinenpapier ist sicherlich in den meisten Haushalten vorhanden und für Skizzen oder Probefaltungen äußerst nützlich. Bei selbstentworfenen Faltkarten lassen sich damit kostengünstige Vorversuche durchführen.

Hochwertiger weißer Zeichenkarton ist holzfrei und daher lichtbeständig, vergilbt also nicht. Zur Herstellung von Schmuck- und Glückwunschkarten haben sich glatte, stabile Sorten (150 g – 250 g) bestens bewährt, auf denen sich gut radieren läßt. Sie erlauben scharfe, saubere Faltkanten und verleihen auch größeren Karten noch ausreichende Stabilität. Rauhere Papiersorten sind für unsere Zwecke ungeeignet, da sie beim Falten leicht ausfransen und man auf ihnen schlecht radieren kann.

Tonpapier ist als preisgünstige Sorte in unterschiedlichen Farbtönen erhältlich. Die Pigmente werden bereits dem Papierbrei beigemengt: Die fertigen Bögen sind also durchgefärbt und lassen sich daher beidseitig verwenden. Da sie allerdings relativ porös und saugfähig sind, kann übermäßig verwendeter Klebstoff leicht zu störenden Flecken führen. Einmal aufgetragen, läßt er sich nur schwer wieder entfernen. Gerät er an später sichtbare Stellen, werden dort also fast immer Spuren auf dem Papier erkennbar bleiben.

Tonpapiere sind leider nicht lichtecht; manche Farben verlieren schon nach relativ kurzer Zeit an Leuchtkraft und werden stumpf. Dieses Material ist daher in erster Linie eher für kurzlebige Bastelarbeiten oder Entwürfe geeignet, bei denen es nicht so sehr auf die Farbbeständigkeit ankommt.

Fotokarton ist eine stabilere Variante des Tonpapiers. Er eignet sich als Trägermaterial für die aufzuklebenden Einzelteile bei der Collagetechnik (für die Einzelteile selbst sind sie allerdings zu dick) oder für farbige Faltschnitt- oder Pop-up-Karten (Papierarchitektur).

Buntpapier, ursprünglich als Bastelbedarf für Kinder angeboten, ist ein einseitig hochglänzend bedrucktes Farbpapier und daher weitestgehend lichtbeständig. Die Farbpalette beschränkt sich jedoch auf wenige, kräftige Töne.
Hochwertige Farbpapiere (Pantone/HKS) werden hauptsächlich im Graphik-Design-Bereich verwendet. Diese speziellen, höchst lichtechten Farbpapiere gibt es als unvergleichlich großes Sortiment in feinstens abgestuften Nuancen; dadurch erlauben sie fast jede nur denkbare Farbzusammenstellung. Sie sind einseitig bedruckt und sowohl matt als auch glänzend erhältlich. Da sie um einiges teurer sind als Ton- oder Buntpapier, sollte man sie in erster Linie für aufwendige und langlebige Arbeiten verwenden.
An dieser Stelle sei noch auf die Laufrichtung des Papiers hingewiesen. Sie bezeichnet die Richtung, in der die Papierbahn bei der Herstellung über Sieb und Walzen gelaufen ist. Die im Papierbrei enthaltenen Fasern legen sich dabei parallel zur Laufrichtung.
Faltungen, wie sie vor allem bei der Papierarchitektur vorkommen, stehen dann am besten, wenn die Hauptfaltlinie quer zur Laufrichtung liegt, wenn das Papier also rechtwinklig zur Lage der Fasern gefaltet wird. Knickt man den Bogen statt dessen parallel dazu, dann zeigt er die Tendenz, sich zu wellen und sich durchzubiegen.
Die Laufrichtung eines Papierbogens läßt sich leicht herausfinden, wenn Sie ihn an den längeren Kanten zusammenbiegen. Geht das leicht, ist die Laufrichtung längsgerichtet, verläuft sie also parallel zu den Längsseiten des Bogens. Spüren Sie dagegen einen deutlichen Widerstand beim Durchbiegen des Papiers, liegt die Laufrichtung quer zu den Längsseiten.
Mindestens ebenso wichtig wie die überlegte Wahl der Papiere ist die Verwendung des richtigen Werkzeugs. Je mehr Sie sich behelfen müssen, um so weniger macht die Arbeit Spaß. Ich rate Ihnen daher zu folgenden Arbeitshilfen, mit denen sich bei den nachfolgend vorgestellten Techniken exakte Ergebnisse erzielen lassen:
Bleistift mit weicher Mine, zum Anzeichnen der Schnitt- und Faltlinien
Radier- oder Knetgummi
Transparentpapier zum Durchpausen der Schnittmuster
Lineal
Winkellineal, am besten ein Geodreieck
Schneidelineal aus Metall als Führungsleiste beim Schneiden und Ritzen
Kreisschablone zum exakten Anzeichnen kleinerer Kreise
Zirkel zum Anzeichnen größerer Kreise
Locher zum gleichmäßigen Ausstanzen kleinster Kreise
Pinzette zum Aufkleben von Kleinstteilen oder für feine Faltungen
Papierschere, mittelgroß und scharf geschliffen
Klingenmesser (Cutter) mit verstellbarer, auswechselbarer Klinge, die – stumpf geworden – einfach stückweise mit einer Zange abgebrochen wird; für gröbere Arbeiten
Folienschneidemesser oder Japanisches Papiermesser zum Schneiden von Details
Falzbein (flaches, nach vorn spitz zulaufendes, an den Kanten abgerundetes Werkzeug aus Knochen oder Kunststoff) zum Falzen von Papier und zum Anreiben aufgeklebter Teile
Schneideunterlage, dicke, glatte Pappe, die nach einiger Beanspruchung ausgewechselt werden muß, oder dauerhafte, handelsübliche Schneideunterlage aus Kunststoff
Technische Zeichenplatte, erleichtert das rechtwinklige oder parallele Anzeichnen von Linien erheblich, ist aber nicht unbedingt erforderlich. Ihre Anschaffung rentiert sich nur dann, wenn Sie zahlreiche Karten nacharbeiten oder selbst Karten entwerfen wollen
Pritt Alleskleber oder Pritt Papierkleber, beide Klebstoffsorten sind lösungsmittelfrei.
Elastischer Montagekleber zum kurzfristigen Fixieren der Schnittschablonen auf den entsprechenden Papieren. Flächen, die mit diesem ursprünglich für Montagearbeiten im Graphik-Design-Bereich konzipierten Klebstoff sparsam bestrichen sind, lassen sich vom jeweiligen Untergrund jederzeit problemlos wieder abziehen. Angetrocknete Kleberrückstände werden einfach abgerubbelt.
Mit all diesen Grundkenntnissen über Arbeitsmaterial und Werkzeug ausgestattet, brauchen Sie Ihren Tatendrang nun nicht mehr länger zu zügeln: Es kann nun losgehen …

COLLAGE-KARTEN

Die Collage, zu Anfang unseres Jahrhunderts von namhaften Künstlern entwikkelt, zeitgleich mit der Entstehung der modernen Malerei, ist heute eine vielfältig angewendete, geschätzte Technik des künstlerischen Ausdrucks. Vom französischen „coller" (kleben) abgeleitet, bezeichnet der Begriff den Vorgang an sich: In Form und Farbe verschiedene Einzelteile aus Papier (oder aus anderen Materialien) werden auf eine gemeinsame Grundfläche geklebt und setzen sich zum Gesamtbild zusammen, in unserem Fall zum jeweiligen Kartenmotiv.

Wie bei der freien künstlerischen Arbeit lassen sich selbstverständlich auch die Schmuck- und Glückwunschkarten mit sehr unterschiedlichen Materialien gestalten, zum Beispiel mit Geschenkpapier, Ausschnitten aus Kalenderblättern, Zeitungen oder Illustrierten, mit selbstgefärbten und strukturierten Papieren und so weiter. Die nachfolgenden Kartenbeispiele konzentrieren sich aber ganz bewußt auf die Verwendung gleichmäßig gefärbter, unstrukturierter Farbpapiere: zum einen, um den Rahmen dieses Buches nicht zu sprengen, zum anderen, um aufzuzeigen, welche Fülle von Gestaltungsmöglichkeiten die Collage schon allein bei dieser Materialbeschränkung bietet. Nicht zuletzt aber sind die verwendeten Papiere einfach zu bekommen und erlauben so jedem das exakte Nacharbeiten der abgebildeten Motive.

Abb. 1

Abb. 2

Abb. 3

Abb. 4

Die Technik

Haben Sie sich für ein bestimmtes Motiv entschieden, fertigen Sie zuerst die eigentliche Karte, also den späteren Bildträger an. Für eine normale, einfache Karte genügt ein Zuschnitt in Motivgröße. Um jedoch eine Klappkarte herzustellen, schneiden Sie weißen Zeichen- oder farbigen Tonkarton in doppelter Größe zu. Je nachdem, ob sich die Karte nach oben oder zur Seite aufklappen lassen soll, werden entweder die Maße der Längs- oder die der Breitseite verdoppelt. Soll das Motiv einen weißen bzw. farbigen Rahmen erhalten, berücksichtigen Sie außen herum einfach eine entsprechende Formatzugabe. Verwenden Sie stets zum Anzeichnen des jeweiligen Formates das Winkellineal, besser noch das Geodreieck, um exakte Seitenverhältnisse und rechte Winkel zu erhalten (Abb. 1).

Der zugeschnittene Zeichen- oder Tonkarton wird für eine Klappkarte mittig gefaltet: Ritzen Sie dazu die Faltlinie vorab ganz leicht mit dem Cutter an, damit sich eine saubere Kante ergibt (Abb. 2).

Klappen Sie den Bogen zusammen und ziehen Sie zur Betonung der Kante das Falzbein einmal kräftig darüber (Abb. 3). Zur Not tut es auch ein ähnlicher Gegenstand oder der Daumennagel. Legen Sie die Karte dann zur Seite.

Nun übertragen Sie die ausgesuchte Motivvorlage mit einem weichen Bleistift auf Transparentpapier, Kreppband verhindert ein Verrutschen (Abb. 4). Bevor Sie dann die Einzelteile aus farbigem Papier zuschneiden, zeichnen Sie am besten alle noch einmal einzeln auf Transparentpapier durch. Beachten Sie dabei folgendes: Beim Zusammenfügen des Motivs beginnt man meistens mit einer Grundfläche. Hier ist das der rosafarbene Hintergrund, auf den alle weiteren Teile der Reihe nach aufgeklebt werden. Es kommt daher unweigerlich zu Überlappungen und Überschneidungen, es liegen Papierschichten übereinander. Berücksichtigen Sie das beim Durchpausen der Einzelteile (siehe Abb. 5): Ergänzen Sie die fehlenden Konturen, oder lassen Sie nicht benötigte Linien entsprechend weg. Das Päckchen des Katzenmotivs zum Beispiel schneidet man sinnvollerweise aus einem großen grünen Quadrat aus und nicht aus vier kleinen Elementen. Die gekreuzte rote Schleife klebt man dann einfach über diese Fläche.

Damit Sie den Überblick nicht verlieren, numerieren Sie am besten alle Teile durch (Abb. 6). Das durchgepauste Gesamtmotiv können Sie später beim Zusammenkleben der Einzelteile gut zur Kontrolle über die entstehende Arbeit legen. Noch ein Tip: Nehmen Sie für gerade Linien möglichst ein Lineal, für rechte Winkel ein Geodreieck. Ein Zirkel oder Schablonen erleichtern das exakte Abpausen von Kreisformen.

Schneiden Sie die durchgepausten Einzelteile grob aus, und ordnen Sie sie den entsprechenden Papieren zu (Abb. 7). Es ist ganz hilfreich, sie mit wenig Montagekleber (er läßt sich später wieder entfernen) vorübergehend zu fixieren. Bei

Abb. 5

Abb. 7

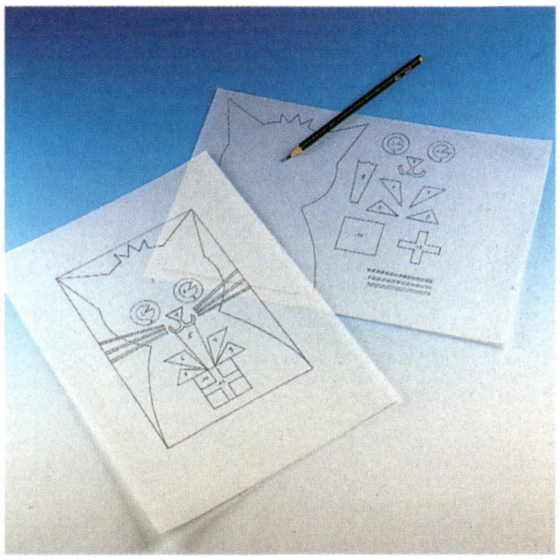

Abb. 6

Abb. 8

einseitig bedruckten, empfindlichen Farbpapieren kleben Sie sie spiegelverkehrt auf die weiße Rückseite. Schneiden Sie dann alle Teile aus, und legen Sie sie jeweils, zusammen mit der numerierten Transparentpapierpause, zunächst zur Seite. Für gerade Schnitte nehmen Sie am besten den Cutter, für abgerundete die Papierschere. Für kleine Formen eignet sich gut ein spezielles Folien- oder Papierschneidemesser.

Bevor Sie nun mit dem Montieren der zugeschnittenen Teile beginnen, wird das Motiv erst einmal probeweise lose zusammengesetzt, damit Sie kontrollieren können, ob Sie auch alle Teile in der richtigen Form zugeschnitten haben. Ist dies geschehen, beginnen Sie mit dem Aufkleben. Dabei werden natürlich alle Einzelteile, die optisch hinter bzw. unter anderen Teilen liegen, zuerst auf der jeweiligen Grundfläche fixiert. In unserem Fall wäre das der rosafarbene Untergrund, dann der schwarze Katzenkörper, die weißen Augenkreise und so weiter. Bildpartien, die im Bildvordergrund, also dem Betrachter optisch am nächsten liegen, werden zuletzt aufgeklebt (Abb. 8). Hier sind das die blauen Augenteile, die rote Schleife, das Schnäuzchen und die Schnurrbarthaare. Prinzipiell beginnt man also mit dem Montieren der größten Flächen, die dann mit entsprechenden Details versehen werden. Auf diese Weise erhalten „nackte" Figuren eine Bekleidung, Hausfassaden ihre Fenster und Türen, Geschenkpäckchen ihre Bänder und Schleifen und so weiter.

Überlegen Sie bereits beim Anfertigen der Schnittschablonen, welche Vorgehensweise das jeweilige Motiv verlangt.

Die einzelnen Teile lassen sich am besten andrücken, indem Sie einen sauberen Papierbogen darauf legen und mit dem Handballen gleichmäßig darüberreiben. Das fertiggestellte Motiv braucht nun nur noch deckungsgleich auf die (Falt-)Karte geklebt zu werden.

Abschließend noch ein paar Tips zur Arbeitserleichterung, die Ihnen sicherlich auch bei den später vorgestellten Faltkarten helfen werden:

Kleine Quadrate, Rechtecke oder Dreiecke, wie sie für gleichmäßige Muster benötigt werden, lassen sich einfach und exakt zuschneiden, wenn Sie dabei jeweils von einem Papierstreifen in entsprechender Breite ausgehen und die gewünschten Formen abschneiden.

Kleine Papierkreise können schnell und problemlos mit dem Locher ausgestanzt werden – natürlich nur in einer Größe.

Soll eine Fläche eine andersfarbige Kontur erhalten, so wird sie auf Papier in der entsprechenden Farbe aufgeklebt. Der Form der aufgeklebten Fläche folgend können Sie nun das untere Papier mit einem entsprechend breiten Rand zuschneiden.

Mit allen wichtigen Informationen ausgestattet, bereitet es Ihnen nun sicherlich keine Schwierigkeiten mehr, eines der zahlreichen Kartenbeispiele von den folgenden Seiten anzufertigen oder eigene Entwürfe zu erarbeiten.

„Verliebt, verlobt, verheiratet ...“ – ob als kleine Liebesgabe für den Partner oder die Partnerin, als Einladung für einen netten Abend (zum Klavierkonzert, in eine Piano-Bar?) oder als Gratulation zur Verlobung oder zur Hochzeit: Solche selbstgefertigten Karten sind stets gern gesehen.

Auch die übrigen Bildmotive sprechen für sich: Zwei Herzen schweben im „siebten Himmel“. Die hellblaue Grundfläche erhielt einen Farbverlauf durch aufgeklebte dunklere Papierstreifen. Zwei weiße Dreiecke als Lichtreflexe geben den Ballons ihre Rundung.

Bei dem Unfall mit offensichtlich auch äußerst angenehmen Folgen scheint es mächtig „gescheppert“ zu haben: Umherfliegende Splitter bilden ein Muster – eine Karte, die sicher nicht nur „Käfer“-Fans erfreut.

Daneben wird angestoßen: Ein festlicher Anlaß, der sich mit sprudelndem Sekt begießen läßt, findet sich immer.

Zum Schluß noch einmal Herzen. Sie wurden aus verschiedenen großen Formen zusammengesetzt. Die schräggestellte Grundfläche bringt noch mehr Spannung in das ohnehin bewegte Geschehen.

Einladungen oder Urlaubsgrüße – diese Motive eignen sich für die verschiedensten Anlässe.
Ein italienisches „ciao", als Abschiedsgruß oder zur Begrüßung – die Buchstaben, auf quadratische Grundflächen gesetzt, stehen wie ein Turm übereinander.
Wer mit solch einer sommerlichen Karte zum gemeinsamen Strandurlaub eingeladen wird, läßt sich bei dieser verlockenden Aussicht bestimmt nicht zweimal bitten. Natürlich erfreut dieses Motiv auch die Daheimgebliebenen.
Bei der Einladung zur Party verrät der farbenfrohe Schriftzug, daß es dabei sicher bunt zugehen wird.
Oder wie wär's mit Kaffee und Kuchen? Feinste, mit größter Sorgfalt aufgeklebte Papierschnipsel zieren das Tortenstück. Der Kaffeedampf läßt sich einfach mit einer Zackenschere zuschneiden.
Eine weniger fröhliche, dafür aber eher mystische Stimmung erzeugt die Farbgebung der nächtlichen Maskerade. Mit dieser Karte kann man zu einem Maskenball oder sogar zu einer Reise zum Venezianischen Karneval einladen.

ARTY

Oster- und Frühlingsgrüße in verschiedensten Gestaltungsmöglichkeiten erfreuen die Empfänger dieser farbenfrohen Kunstwerke.

Unterschiedlich gemusterte Ostereier bilden das Motiv der untenstehenden Karte. Die ebenfalls eiförmige Grundfläche erhielt durch ein größeres, unterlegtes Papier einen andersfarbigen Rahmen.

Der klare Entwurf für den rennenden Hasen ergibt sich durch die bewußte Beschränkung auf nur wenige Gestaltungselemente.

Bei der Karte darunter treten die Farben in der schwarzen Umgebung besonders leuchtend hervor. Zusätzlich geben die klaren, graphischen Formen, die überlegten Proportionen und die Haltung des Huhns dieser Karte etwas Witziges und zugleich etwas Edles.

Bildliche Blumensträuße kommen immer gut an – egal, zu welchem Anlaß. Die stilisierten Lilien stehen auf einer roten Grundfläche, die andersfarbig unterlegt und bewußt schräg auf das Kartenformat gesetzt ist.

Bei dem Motiv darunter fallen die leuchtenden, bunten Blüten in Rot, Blau und Weiß durch die grün-gelbe Umgebung besonders ins Auge. Weitere Akzente setzen die gelben, paarweise angeordneten Staubgefäße.

Weihnachten steht vor der Tür – von jeher ein Anlaß, hübsche Karten zu verschicken. Das Motiv links lebt von den Kontrasten von drinnen und draußen, warm und kalt, was auch durch die Wahl der Farben zum Ausdruck kommt. Der Schneewall unter dem Fenster erhält seine Form durch entsprechende Aussparung der blauen Grundfläche. Die aufgeklebten Schneeflocken wirken übrigens lebendiger, wenn sie von Hand ausgeschnitten sind. Ist Ihnen das zu mühsam, können Sie sie aber auch mit dem Locher ausstanzen.

Der Weihnachtsbaum ist aus sehr einfachen Grundformen zusammengesetzt und ganz symmetrisch aufgebaut. Nur die weißen Dreiecke, die als Lichtreflexe den Kugeln ihren Glanz und ihre Rundung verleihen, werden immer nur links oben auf die roten Papierkreise geklebt.
Bei der nächtlichen Stadt sind die kleinen, grünen Weihnachtsbäume das Tüpfelchen auf dem i.

Motive für den Jahreswechsel oder einfach auch nur Glückwünsche für ganz verschiedene Anlässe: Deutlich bringt die obere Karte die gutgemeinten Glückwünsche zum Ausdruck, denn „Schwein" muß der Mensch haben, und hat er keins, so schickt man ihm eins.
Eine Karte für Glückspilze oder Leute, die es werden wollen: Ein originelles Detail sind die mit dem Locher ausgestanzten Schneeflocken, die vor den roten Hüten gleichzeitig zu den typischen Fliegenpilztupfen werden.
„Alles Gute" wünscht das Kätzchen und räumt mit dem Aberglauben auf, daß eine schwarze Katze Unglück bringt.

Faltschnitt-karten

Während für die zweidimensionalen Collagekarten des vorhergehenden Kapitels Fläche und Farbe bestimmend sind, erhalten die nun vorgestellten Karten ihren besonderen Reiz durch die ein- oder mehrfache Wiederholung der Grundform. Über die zweidimensionale Darstellung hinaus ergibt sich bei diesen variablen Faltkarten – wenn man sie geschickt aufstellt – eine räumliche Wirkung.

Die Herstellungsmethode ähnelt ein bißchen dem Basteln von Weihnachtssternen. Dabei wird jedoch meist die sogenannte Rundfaltung angewendet, bei der man eine kreisförmige oder quadratische Ausgangsfläche über den Mittelpunkt hinweg zur Hälfte, zum Viertel, zum Achtel und so weiter faltet.

Im Gegensatz dazu entstehen die hier vorgestellten Karten entweder durch eine einfache Faltung (wie bei normalen Klappkarten) oder durch eine mehrfache Parallelfaltung des Papierbogens. Diese letzte Variante bezeichnet man als Harmonika- oder auch als Leporellofaltung: Dabei wird ein Papierbogen von ausreichender Länge in gleichmäßigen Abständen immer abwechselnd nach vorn und nach hinten gefaltet. Die so entstandenen Karten werden entweder in ihrer rechteckigen Form belassen und lediglich mit einzelnen Ausschnitten versehen, oder sie erhalten durch einen entsprechenden Zuschnitt der äußeren Kontur eine völlig neue Form.

Die Technik

Abb. 1

Abb. 2

Abb. 3

Um eines der Kartenbeispiele aus diesem Buch nachzuarbeiten, schneiden Sie einen Bogen Papier in der benötigten Größe rechtwinklig zu. Seine Breite ergibt sich aus der Höhe des Motivs auf der Schnittvorlage. Die Motivbreite bestimmt die späteren Abstände von Falz zu Falz. Je nachdem, wie oft das Motiv aneinandergereiht werden soll, ergibt sich daraus die Gesamtlänge des Bogens. Allerdings sollten Sie die Anzahl der möglichen Faltungen nicht willkürlich wählen, sondern auch von der Stärke des verwendeten Papiers abhängig machen. Denken Sie daran: Je öfter Sie falten, desto schwieriger wird später das Zuschneiden der Formen. Notfalls muß dies dann in mehreren Schritten erfolgen.

Nachdem Sie das ausgewählte Motiv und den Papierbogen ausgemessen haben, zeichnen Sie jede Faltlinie mit Hilfe eines Geodreiecks mit weichem Bleistift ein (Abb. 1). Achten Sie auf exakte rechte Winkel! Nun müssen Sie unbedingt die Linien vorsichtig mit dem Cutter anritzen, damit Sie saubere Faltkanten erhalten (Abb. 2).

Mit dem Falzbein werden die so vorbereiteten Kanten nun geschärft (Abb. 3). Falten Sie den Bogen dazu ziehharmonikaartig, also so, wie Sie ihn später haben wollen, bevor Sie (notfalls mit dem Daumennagel) die Falzkanten flachdrücken.

Pausen Sie jetzt das ausgewählte Motiv von der Schnittvorlage mit weichem Bleistift auf Transparentpapier durch. Klebestreifen sichern das Blatt gegen Verrutschen. Drehen Sie es dann herum, und schwärzen Sie die durchgepausten Linien von hinten mit einer Bleistiftschraffur (Abb. 4). Weil Kohlepapier zum Übertragen nicht geeignet ist (die Linien lassen sich nicht mehr entfernen), stellen Sie auf diese Art Durchschlagpapier her.

Legen Sie es nun mit der schraffierten Seite nach unten auf die Vorderseite Ihrer Karte. Die gestrichelte Linie zeigt an, wo die erste Faltkarte verlaufen soll. Etwas Montagekleber (er läßt sich später wieder entfernen) verhindert das Verrutschen des Blattes, wenn Sie anschließend durch Nachziehen der Linien das Motiv auf die Kartenvorderseite übertragen (siehe dazu auch Anleitung für Papierarchitektur).

Abb. 4

Abb. 5

Abb. 6

Schneiden Sie dann die äußere Kontur mit der Schere zu (Abb. 5), wobei Sie alle Papierschichten gleichzeitig in Form bringen. Bei Geraden eignen sich besser ein Cutter und ein Schneidelineal.
Ausschnitte werden grundsätzlich mit dem Cutter herausgearbeitet (Abb. 6). Eine stabile Schneideunterlage schützt dabei die Arbeitsfläche. Weil bei dieser Technik mehrere Papierschichten auf einmal sauber durchtrennt werden müssen, ist es hierbei besonders wichtig, daß die Schneidewerkzeuge stets sehr scharf sind.
Hier noch einige Tips: Wenn Sie vorgeschlagene Motive verändern oder selbst Karten entwerfen wollen, sollten Sie prinzipiell darauf achten, daß die verbleibenden Verbindungsstege zwischen den einzelnen Kartenseiten breit genug sind, damit die aufgeklappte Karte genügend Stabilität behält.
Bei allen Faltkarten ist es grundsätzlich ratsam, vor dem Anfertigen der eigentlichen Karte zuerst einmal Vorversuche mit Schreibmaschinenpapier durchzuführen, um die Wirkung und den Aufbau zu überprüfen. Häufig ergeben sich dadurch auch neue Ideen, die man dann zuerst probeweise in die Tat umsetzen kann.
Manche Karten sind schon von der Formgebung her so reizvoll, daß man sie nach dem Zurechtschneiden einfach weiß bzw. einfarbig belassen, also ruhig auf eine zusätzliche Farbgestaltung verzichten kann. Es läßt sich aber auch die Titelseite – sozusagen als Aufmacher – mit aufgeklebten Farbpapieren ansprechend gestalten, wie die zahlreichen Beispiele auf den folgenden Seiten anschaulich belegen. Oftmals steht ihr dabei auch eine farblich korrespondierende Rückseite gegenüber. Selbst das Innenleben der Karte kann mit einigen Farbakzenten zusätzlich belebt werden. Besonders interessant ist es, wenn Sie Kartendurchbrüche mit aufgeklebten farbigen Elementen kombinieren. Wie so etwas aussehen kann, wird deutlich, wenn Sie die folgenden Seiten durchblättern.

Abb. 7

Abb. 8

Ein Tip zum paßgenauen „Ankleiden" der Rohkarten: Bemessen Sie Farbflächen, deren Konturen mit denen der Karte übereinstimmen sollen, etwas größer als benötigt. Die überstehenden Ränder der aufgeklebten Farbpapiere werden mit der Schere oder dem Cutter von der Rückseite der Karte her zurückgeschnitten und so an deren Form angepaßt. Auf diese Weise erhalten Sie einen sauberen, völlig deckungsgleichen Kantenabschluß von Grundform und Farbflächen (Abb. 7). Kleben Sie dann nach und nach die kleineren Elemente auf, wie schon bei der Collagetechnik vorn beschrieben (Abb. 8).
Welche Gestaltungsweise Sie auch wählen, ob Sie sich auf das reine Weiß des verwendeten Zeichenkartons beschränken oder Farbe ins Spiel bringen, das Anfertigen von Faltschnittkarten ist im Prinzip eine sehr einfache und leicht nachvollziehbare Technik. Es ist also gar nicht so schwierig, sich von den vorgeschlagenen Modellen zu lösen und schon bald eigene Ideen in die Tat umzusetzen.

Nicht nur kleinen, sondern auch großen Kindern dürften diese tierischen Faltschnittkarten gefallen. Man kann sie, wie beim Elefanten oder bei dem bunten Häschen, als einfache Klappkarten herstellen – oder man zaubert durch mehrfach gefaltetes Ausgangsmaterial gleich eine ganze Geschwisterreihe! Zu viele Papierschichten dürfen es jedoch nicht sein, sonst kann man die Formen nicht in einem Arbeitsgang ausschneiden.
Einen besonderen Überraschungseffekt kann es übrigens geben, wenn Sie ein Motiv so vergrößern, daß der Empfänger der Karte zum Beispiel eine Riesenmaus in einem riesigen Umschlag überreicht bekommt.
Die Landschaft mit den Tieren wird durch ein Haus vervollständigt. Dieses Beispiel zeigt, wie man lediglich mit weißem Papier und einfachen Formen ansprechende Faltschnittkarten herstellen kann. Man darf also ruhig auf jegliche Farbgebung verzichten. Solch eine Karte eignet sich übrigens gut als Einladung zu einer Hauseinweihung oder als Mitteilung, daß man umgezogen ist.

Warum nicht mal eine Karte als Geschenk gestalten? An den vier vorgestellten Beispielen sehen Sie, wie vielfältig man dabei dieses Thema variieren kann: Jedesmal ist das Gesamtformat geändert, ebenso die Form der Schleifen und das Muster. Gleichmäßig überziehen Quadrate, Dreiecke, Punkte und Streifen die Fläche. Bei all diesen Variationen ist nur die Titelseite der Karten beklebt; es bleibt nun Ihnen überlassen, ob Sie zusätzlich innen die Muster oder Farben sparsam wieder aufnehmen oder ob Sie auch der Rückseite ein farbenfrohes Gesicht verleihen. Der Weihnachtsbaum, eine einfache Klappkarte, zeigt seine ganze Form erst nach dem Öffnen der Karte. Sie können selbst entscheiden, ob Sie dennoch nur die rechte Hälfte farbig gestalten und die Rückseite weiß lassen oder ob Sie zwar die Einzelformen übernehmen, dafür aber die Farben austauschen (ein roter Baum mit goldenen Kugeln und grünen Sternen zum Beispiel).

„Sag' es mit Karten" könnte das Motto dieser Doppelseite sein. Anlässe dafür gibt es genug.
Dem Absender der liebevollen Entschuldigung unten wird sicher bald verziehen, was immer er auch angestellt haben mag. Vielleicht war es ein vergessener Hochzeitstag?
Die Danksagung daneben sieht auf den ersten Blick sehr schlicht aus – doch öffnet man die Karte, sorgt die Rückseite für den Durchblick; darüber spannt sich ein schönes Streifenmuster.
Wer rechtzeitig an den Hochzeitstag (Geburtstag, Muttertag,...) denkt, kann noch schnell eine mehrstöckige Torte mit Kerzen für seine individuellen Glückwünsche herstellen. Der Locher hilft beim Ausstanzen der kleinen Kreise.
Ein einziges Tortenstück tut es natürlich auch, und sicherlich werden sich nicht nur ausgesprochene Naschkatzen darüber freuen. Je nachdem, wie man die Karte aufstellt, erhält man ein Stück für den großen oder den kleinen Hunger – natürlich mit Sahne!
Wer nicht für Süßes ist, wird vielleicht lieber Blumen sprechen lassen. Das Titelblatt ist üppig dekoriert, rechts unten sind eine Blüte und zwei Blätter bei allen Papierschichten ausgeschnitten. Bei der letzten Seite wurde nur die Blüte mit quadratisch zugeschnittenem Papier hinterklebt.

NKE

Bunte Cocktails, süße Früchte, orientalisches Fest, lauschige Mondnacht – vielfältige Assoziationen rufen diese farbenfrohen Einladungskarten hervor. Aber warum sollte man sie nicht auch einfach mal ohne besonderen Anlaß verschicken und ohne gleich eine Einladung damit auszusprechen? Gerade das orientalische Gebäude eignet sich später gut als pfiffiges Dekorationsstück für die Wohnung.

Eine bunte Mixtur verschiedenster Cocktails unten links: Durch Auseinanderziehen kann diese Karte zu einer langen Getränkebar erweitert werden. Wer bekommt da nicht Lust, dieser feuchtfröhlichen Einladung zu folgen?
Das hohe Sektglas wird nach oben aufgeklappt. Der Locher sorgte für die bunten, aufsteigenden Luftbläschen in dem Getränk.

Der Sichelmond und die beiden Sterne sind durch alle Schichten der stimmungsvollen Abendkarte hindurch ausgeschnitten. Man kann dann auswählen, welche dieser Formen man farbig hinterkleben möchte.

PAPIER-ARCHITEKTUR

Im Vergleich zu den zweidimensionalen Collagekarten und den bedingt räumlich wirkenden Faltschnittkarten verblüffen die nachfolgend gezeigten Beispiele durch ihre plastische Formgebung, durch den an Architektur erinnernden Aufbau. Die Dreidimensionalität dieser Papierobjekte, die beim Öffnen „plötzlich auftauchen" (engl.: to pop up), ist teilweise überraschend. In besonderem Maße fasziniert, daß diese Hohlplastiken auch bei detailliertesten Darstellungen grundsätzlich nur durch Schneiden und Falten eines einzigen Papierbogens nach bestimmten Gesetzmäßigkeiten entstehen – also ohne Verwendung von Klebstoff. Die Modelle bleiben daher stets beweglich, lassen sich also zur flachen Karte zusammenlegen oder in die Ausgangsform der Papierfläche zurückführen.
Woher stammt diese faszinierende Technik, bei der sich eine Fläche in ein räumliches Gebilde verwandelt? Wie kaum anders zu erwarten, gehört sie neben der bekannten Origamifaltkunst zu den wichtigsten asiatischen Traditionen kunstvoller Papierverarbeitung. Von dieser vornehmlich in Japan seit Jahrhunderten gepflegten Falttechnik inspiriert, erkannten Künstler, die in den zwanziger Jahren am Bauhaus in Weimar (später auch in Dessau und Berlin) lehrten, die Eigenständigkeit des Werkstoffs Papier. Hatte man ihr bislang kaum Beachtung geschenkt, so wurde der werkgerechte, zweckfreie Umgang mit Papier fortan im Rahmen der Bauhausarbeit zum wichtigen Bestandteil einer neuen Gestaltungslehre. Ihr lag das Bestreben zugrunde, das Material frei von vorgefaßten, akademischen Lehrmeinungen auf seine Eigenschaften hin zu untersuchen und es angemessen zu verwenden. Die in diesem Zusammenhang entstandenen Arbeiten haben mich dazu angeregt, die Kartenentwürfe für dieses Buch zu entwickeln.

Die Technik

Am schnellsten und einfachsten machen Sie sich mit den Gesetzmäßigkeiten der Pop-up-Karten vertraut, indem Sie eines der Kartenbeispiele aus diesem Buch nacharbeiten. Bevor ich Ihnen die einzelnen Arbeitsschritte erkläre, möchte ich noch etwas zu den Vorlagen sagen. Natürlich kann man die Karten in allen möglichen Größen herstellen, je nachdem, ob man sie in einem kleinen Umschlag verschicken möchte oder ob man sie als großzügige Raumdekoration plant. Ein wenig mag das wohl von Ihrer Geschicklichkeit abhängen, doch die Stärke des zur Verfügung stehenden Papiers oder Kartons spielt sicherlich ebenfalls eine Rolle. Damit nun möglichst viele Kartenbeispiele mit Vorlagen ins Buch aufgenommen werden konnten, haben wir uns dafür entschieden, auf dem großen Musterbogen nur die Collage- und die Faltschnittkarten abzubilden, und zwar so, daß nicht mehrere Motive mit verschiedenfarbigen Linien übereinandergedruckt werden mußten. Alle Vorschläge für die Pop-up-Karten dagegen finden Sie auf den letzten Seiten dieses Buches. Das meiste ist kleiner wiedergegeben, als es die Fotos vermuten lassen.
Sind Ihnen die Vorlagen zu klein, können Sie sie ganz bequem mit einem Fotokopierer auf DIN A3 hochvergrößern. Das ist bei den meisten Geräten möglich. Legen Sie dazu die jeweilige Buchseite quer auf die Glasfläche des Kopierers, und stellen Sie das Gerät auf 141 % (das Personal in den Kopiergeschäften wird Ihnen gern dabei behilflich sein). Wenn Ihnen dieses Format noch immer nicht reicht, müßten Sie die ausgewählten Motive gegebenenfalls einzeln weitervergrößern. (Stabilen Karton für die Karte nehmen.)
Zurück zur Arbeitstechnik. Haben Sie sich für ein Motiv entschieden, pausen Sie es von der (eventuell vergrößerten) Schnittvorlage mit einem weichen Bleistift und einem Lineal sorgfältig auf Transparentpapier durch. Klebestreifen sichern das Papier dabei gegen ein Verrutschen.

Abb. 1

Abb.2

(Möglicherweise können Sie die Vorlage auch gleich auf Transparentpapier kopieren, das erspart Ihnen einen Arbeitsgang.) Schneiden Sie dann aus weißem Zeichen- oder hellem Tonkarton das Gesamtformat der Klappkarte zu. Sie sollte großzügig bemessen sein, damit später keine Motivteile herausragen können. Planen Sie die Grundfläche daher zunächst lieber nicht zu klein, denn abschneiden können Sie zum Schluß immer noch etwas.
Um die Motivzeichnung nun exakt auf den Karton zu übertragen, gibt es zwei geeignete Methoden. Die erste kennen Sie schon aus dem Kapitel über die Faltkarten: Alle durchgepausten Linien werden auf der Rückseite des Transparentpapiers mit einem weichen Bleistift geschwärzt.

Abb. 3

Abb. 4

Legen Sie die Pause anschließend seitenrichtig auf den Karton, kleben Sie sie mit Kreppband an wenigen Stellen fest, und ziehen Sie alle Linien sorgfältig nach, so daß sie sich auf der darunterliegenden Fläche abzeichnen (Abb. 1). Kohlepapier ist für diese Arbeit ungeeignet, die Linien lassen sich nicht mehr wegradieren.
Wichtig: Beachten Sie bei diesem Arbeitsschritt, daß es zwei Arten von Linien gibt. Zur Sicherheit sehen Sie noch einmal auf Ihrer Originalvorlage im Buch nach: Gestrichelte Linien bedeuten, daß an diesen Stellen das Papier später nur leicht an der Oberfläche angeritzt wird, damit sich dort gute Falzlinien ergeben. An allen durchgezogenen Linien dagegen wird richtig geschnitten. Damit die Pop-up-Kar-

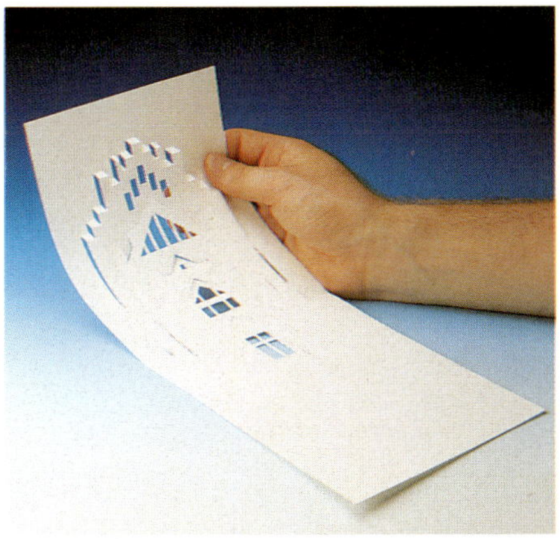

Abb. 5

Abb. 6

Abb. 7

ten gut funktionieren können, müssen Sie also schon beim Übertragen alles sehr sorgfältig von der Vorlage übernehmen: Das exakte Übertragen, Schneiden und Ritzen ist der wichtigste Teil der Arbeit! Wenn Sie dabei geduldig genug sind, genau aufpassen und alles noch kontrollieren, ist der Rest ein Kinderspiel.
Hier nun die zweite Methode zum Übertragen einfacher und geradliniger Motive. Sie bietet den Vorteil, daß man später keine Bleistiftlinien auszuradieren braucht. Der Nachteil: Man muß noch genauer hinsehen und mit der Vorlage vergleichen.
Legen Sie das durchgepauste Motiv auf den Karton und darunter eine unempfindliche Unterlage. Sichern Sie das obere Blatt gegen Verrutschen, und durchstechen Sie dann alle Eck- und Kreuzungspunkte der Linien mit einem Stichel, der Zirkelspitze oder einer Nadel (Abb. 2). Diese Markierungspunkte kann man zwar anschließend gemäß der Vorlage mittels gestrichelter und durchgezogener Bleistiftlinien miteinander verbinden, doch wer schon geübter ist, kann auch darauf verzichten und schaut statt dessen auf die Vorlage, wenn es an den nächsten Arbeitsschritt geht.
Ist das Motiv dann übertragen – nach welcher der beiden Methoden auch immer –, wird der Karton an der Oberfläche an allen gestrichelten Linien mit einem spitzen Cutter leicht angeritzt, an den durchgezogenen Linien dagegen geschnitten.
Arbeiten Sie nicht hastig, damit es nicht zu Verwechslungen kommt, und machen Sie die Schnitte und Ritzlinien nicht länger oder kürzer als benötigt. Nehmen Sie für alle Geraden unbedingt ein Schneidelineal zu Hilfe; das erleichtert die Arbeit und läßt Ihre Papierarchitektur später beeindruckender aussehen, als wenn sie aus schiefen Kanten und ungenauen Winkeln aufgebaut ist (Abb. 3).
Achtung: Beim Zuschneiden spitz zulaufender Motivformen sollten Sie stets zur Spitze hin und nicht von ihr weg schneiden, da sie andernfalls leicht geknickt und beschädigt wird (Abb. 4).
Kontrollieren Sie anschließend sorgfältig, ob Sie auch alle Schnitte und alle geritzten Faltlinien berücksichtigt haben, da bei diesem ausgeklügelten Faltsystem jede einzelne Linie von Bedeutung ist. Sollten Sie eine vergessen oder nicht an der vorgesehenen Stelle angebracht haben, läßt sich die Karte später möglicherweise nicht richtig zusammenklappen. Fehler, die beim Übertragen und beim Zuschneiden gemacht wurden (man kann nicht oft genug darauf hinweisen), lassen sich meist nicht mehr korrigieren. Erst nach dieser wichtigen Abschlußkontrolle werden eventuell vorhandene Bleistiftlinien vorsichtig mit dem Radier- oder dem Knetgummi entfernt.
Nun folgt der spannende Teil der Arbeit, bei dem sich zeigt, ob Sie sorgfältig gearbeitet haben. Beginnen Sie vorsichtig, von oben nach unten und von der Kartenrückseite her, alle Motivbestandteile aus der Fläche herauszudrücken. Wichtig ist, daß das Papier an der obersten Faltkante nach vorn, an der darunterliegenden nach hinten (unten) gefaltet wird. Man fährt in der gleichen Weise bis unten hin fort (Abb. 5); die später waagerechte Grundfläche der Klappkarte selbst wird dabei ebenfalls an der Querlinie nach vorn gefaltet. Sie werden bemerken, daß das eigentlich alles sehr leicht ist, denn durch die Ritzlinien bildet sich die Papierarchitektur fast von allein.
Nach diesem ersten Falten, bei dem alle Motivbestandteile erst noch vorsichtig und provisorisch aus der Fläche hervorgeholt werden, überarbeiten und schärfen Sie sorgfältig alle Faltkanten, denn jetzt haben Sie ja einen Überblick. Funktioniert etwas nicht, legen Sie die Karte wieder flach vor sich hin und vergleichen sie mit der Vorlage. Eventuell ist eine Korrektur nötig. Zum Hervorziehen schmaler Partien kann statt der Finger auch eine Pinzette verwendet werden (Abb. 6).
Wenn Sie bis jetzt exakt gearbeitet haben, läßt sich das dreidimensionale Papierobjekt schließlich zur flachen Karte zusammenlegen, die Sie platzsparend als Überraschung verschicken oder geschützt aufbewahren können (Abb. 7). Wird die Karte zum rechten Winkel geöffnet, tritt das Motiv in eindrucksvoller Plastizität hervor.

Abb. 8

Spiel mit Farben

Abb. 9

Licht und Schatten und die daraus resultierenden Hell-Dunkel-Kontraste sind ein entscheidender Faktor bei der räumlichen Wirkung dieser Papierobjekte. Unterschiedliche Beleuchtung läßt ein und denselben Entwurf jeweils in „einem völlig neuen Licht" erscheinen.
Aus diesem Grunde sind auch die meisten der vorgestellten Beispiele aus weißem Zeichen- oder zumindest hellem Tonkarton gearbeitet. Denn: je heller das Papier, desto stärker der Licht-Schatten-Kontrast und desto stärker die Plastizität. Gerade wenn das Licht von allen Seiten, also auch von hinten hindurchströmen kann, wirkt die Papierarchitektur besonders reizvoll. Daher eignet sich so mancher Entwurf auch als Fensterbild! Modelle, die aus hintereinander gestaffelten Elementen bestehen, erinnern übrigens an Bühnenkulissen.
Es gibt aber auch die Möglichkeit, die Karte mit andersfarbigem Fotokarton zu hinterkleben. Besonders bei größeren und komplizierten Arbeiten verleiht das den Modellen eine größere Stabilität. Auch ist der Überraschungseffekt größer, wenn der Empfänger eine von außen unscheinbar aussehende Karte öffnet und sich dann die Papierarchitektur entfaltet. Darüber hinaus reflektiert der farbige Hintergrund einfallendes Licht auf das Weiß des Kartenmodells, so daß sich dabei neue, zartfarbige Nuancen ergeben können.
Messen Sie einen farblich passenden Karton entweder so aus, daß er genau mit den Kartenrändern abschließt, oder lassen Sie bewußt einen Rand rundherum stehen. Achten Sie darauf, daß später bei der zusammengeklappten Karte kein Teil des „Innenlebens" hervorschaut. Die mittlere Faltlinie ritzen Sie mit dem Cutter ganz leicht an.
Beachten Sie beim Zusammenkleben, daß Sie nur die waagerechte Grundfläche und die senkrechte Rückwand der Papierarbeit mit Klebstoff bestreichen, aber nicht die Teile, die später hervorspringen sollen, auch nicht den farbigen Karton. Ich empfehle Ihnen, zunächst nur die untere Hälfte zu befestigen. Klappen Sie dann den Tonkarton zum rechten Winkel hoch, bevor Sie die obere Grundfläche ankleben (Abb. 8). Das hat den Vorteil, daß sich die Karte nach dem Trocknen des Klebers gut zusammenklappen und wieder aufstellen läßt. Würde man alles flachliegend miteinander verbinden, gäbe es eventuell Probleme.
Wünschen Sie zusätzliche Farbakzente, lassen sie sich leicht durch das Hinterlegen einzelner Ausschnitte mit farbigem Tonpapier schaffen. Auch andere, eventuell sogar zart gemusterte Papiere können gut aussehen. Werden diese „Farbkleckse" von vornherein mit eingeplant, kann das Papier natürlich auch direkt von vorn auf die Motivflächen geklebt werden (Abb. 9). Damit das Motiv später beweglich bleibt, kleben Sie Papier, das direkt über einer Faltlinie liegen soll, vorgefaltet im 90°-Winkel auf.

Tips für eigene Entwürfe

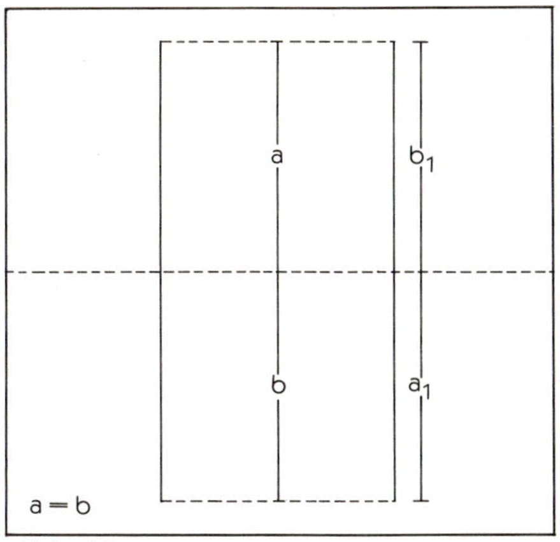

Abb. 10

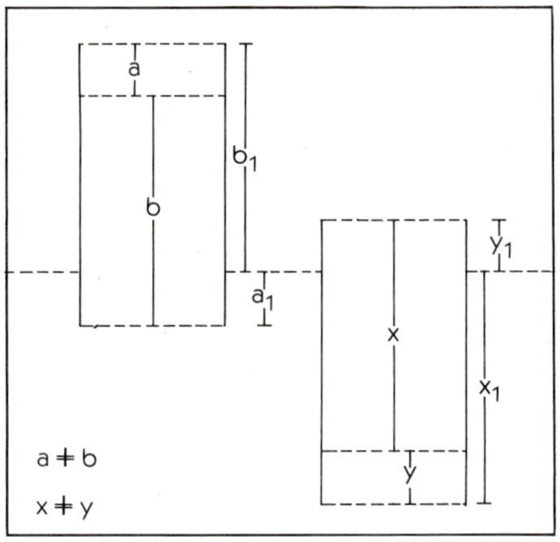

Abb. 12

Wenn Sie einige Karten aus diesem Buch nachgearbeitet haben, sind Sie vielleicht auf den Geschmack gekommen und wollen nun auch eigene Ideen für Pop-up-Karten verwirklichen. Deshalb möchte ich noch kurz auf das charakteristische Grundschema dieser Papierobjekte eingehen.

Grundlegendes Prinzip der Formgebung ist der 90°-Winkel; das bedeutet, daß alle Flächen entweder parallel oder rechtwinklig zueinander stehen. Es gibt also nur senkrechte und waagerechte Flächen, wenn die Karte im rechten Winkel aufgestellt ist. Trennlinie der beiden Kartenhälften ist die in der Mitte des Papierbogens verlaufende sogenannte Hauptfaltlinie. Von ihr ausgehend erfolgt die Berechnung der Falt- und Schnittlinien für alle Vorsprünge. Je nachdem, ob die Motivformen symmetrisch oder asymmetrisch zur Hauptfaltlinie angeordnet werden, sprechen wir von symmetrischer bzw. asymmetrischer Faltung.

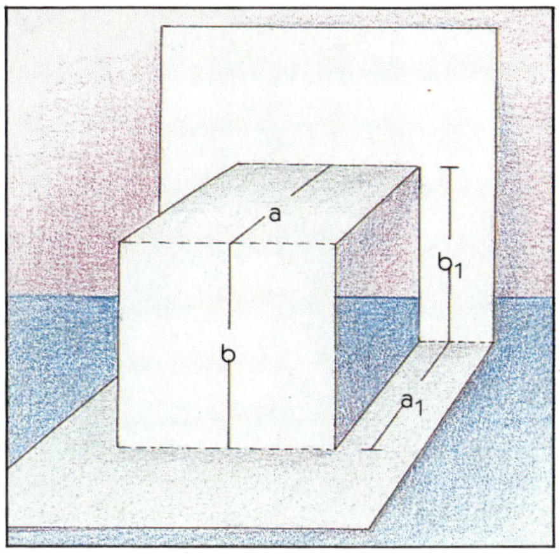

Abb. 11

Die einfachste Variante des Entwurfs ist die symmetrische, da hierbei alle korrespondierenden Motivbestandteile gleich weit von der Hauptfaltlinie entfernt sind. Abb. 10 und 11 zeigen, wie das gemeint ist. Die waagerechte Fläche a ist genauso lang wie die senkrechte Fläche b. Die beiden äußeren zugehörigen Faltlinien (gestrichelt) sind von der mittleren und von der Hauptfaltlinie der Karte gleich weit entfernt. Die seitliche Ausdehnung des Vorsprungs ist dabei unerheblich.

Abb. 12 und 13 zeigen das Schema der asymmetrischen Faltungen an zwei Beispielen. Hierbei sind die senkrechte und waagerechte Fläche eines Vorsprungs immer verschieden groß (a≠b und x≠y). Die Höhe und Breite all dieser Formen können Sie frei wählen, trotzdem dürfen Sie nicht alle Linien willkürlich aufzeichnen! Ganz wichtig für das Funktionieren der Karten ist, daß die Abstände der drei Faltlinien eines jeden Vorsprungs im richtigen Verhältnis zueinander und zur Hauptfaltlinie der Karte stehen: Da beim Aufklappen der Karten eine Parallelverschiebung stattfindet, müssen die Maße a und a_1 sowie b und b_1 identisch sein, ebenso x und x_1 sowie y und y_1. Dieses Prinzip können Sie deutlich an der Zeichnung mit den zwei verschieden hohen Formen erkennen. Stimmen diese Abstände schon in Ihrem Entwurf nicht überein, klappen sich die Vorsprünge später nicht problemlos heraus; die Flächen stehen dann nicht gerade und lassen sich schließlich nicht gut in der Klappkarte zusammenlegen.

Wollen Sie, wie es viele meiner Entwürfe im Buch zeigen, aus einem Vorsprung einen weiteren herausragen lassen, gehen Sie im Prinzip genauso vor. Sie müssen dann nur die untere Faltlinie der zuletzt vorspringenden Form als Hauptfaltlinie ansehen, an der sich die drei neuen dann orientieren müssen. Auf diese Art können Sie treppenartige Formen entstehen lassen. Wenn Sie dann noch mit Ausschnitten arbeiten und Elemente einplanen, die sich nicht automatisch aufklappen, sondern von Hand aufgestellt werden müssen (Zäune, Buschgruppen o.ä.), können Sie die wunderschönsten Papierobjekte zaubern. Sogar runde Formen lassen sich in solche Pop-up-Karten integrieren. Vor allem aber sollten Ihre Motive nicht zu kompliziert, sondern eher einfacher, geometrischer Natur sein.

Ein Tip noch zum Schluß: Bevor Sie nun Gruß-, Tisch- oder Menükarten, Fensterbilder oder Raumdekorationen gleich aus gutem Zeichenkarton herstellen, sollten Sie eigene Entwürfe immer zuerst versuchsweise mit einfachem Schreibmaschinenpapier testen. Und nun viel Spaß mit Ihren Papierkunstwerken!

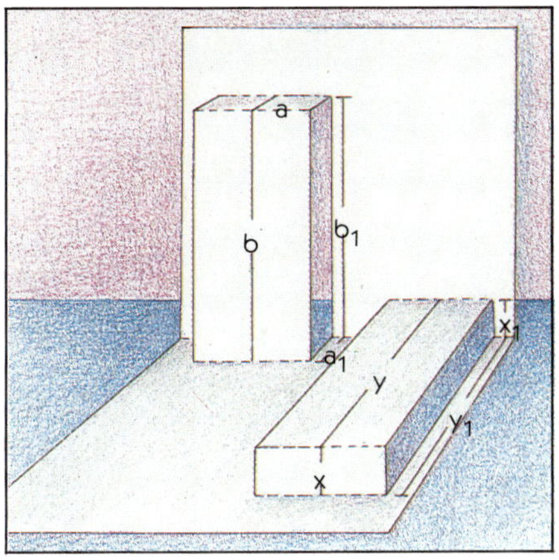

Abb. 13

Architekturmotive sind in geradezu idealer Weise für Pop-up-Karten geeignet. Das Bauelement der Treppe bietet dabei einen ganz besonderen Reiz.
Das Beispiel links ist nicht sehr schwer nachzuarbeiten. Durch die allmählich schmaler werdenden, aber gleich hohen Stufen entsteht ein gleichmäßiger Rhythmus. In den Ausschnitten der senkrechten Hauptfläche wird ein zartes Muster (Geschenkpapier) zum Blickfang. Ein stärkeres Muster allerdings würde möglicherweise von der Treppenform ablenken, aber das muß man bei der eigenen Arbeit ausprobieren. Es ist auch möglich, selbst passendes Papier zu gestalten, zum Beispiel mit Farbstiften oder Aquarellfarben.
Ebenfalls symmetrisch ist das untere Objekt aufgebaut, obwohl der Entwurf selbst auch hier die asymmetrische Faltmethode erfordert (siehe S. 38/39).
Hintereinander gestaffelte Eiformen setzen sich zu einem räumlichen Gebilde zusammen. Die abstrakte Formgebung erinnert aber auch an andere organische Formen, an einen Baum oder eine Tulpenblüte zum Beispiel. Dieses Modell zeigt, daß man durchaus nicht nur mit geraden Linien arbeiten muß.
Rechts sind wieder Treppen das wichtigste Motiv, die Stufen laufen seitlich in die Höhe. An der senkrechten Grundfläche nehmen verschieden lange Streifen aus braunem Tonpapier das Treppenelement indirekt wieder auf.

Fahrzeuge aller Art lassen sich, wenn man die Formen entsprechend vereinfacht, sehr gut in der Pop-up-Technik nachbilden. Dabei kommt der entsprechenden Entwurfs- und Schneidetechnik entgegen, daß Verkehrsmittel ja meistens aus vielen geraden Elementen konstruiert sind.
Wer ließe sich nicht gerne mit diesem Traumschiff aus Papier zu einer luxuriösen Kreuzfahrt einladen? Als ungewöhnlicher Urlaubsgruß tut es solch eine Karte allerdings auch.
Bei dem Motiv für den passionierten Segler setzen kleine Fähnchen aus Tonpapier einzelne Farbakzente. Die aufgeklebten, hellblauen Streifen stellen in starker Vereinfachung den Wellengang dar.
Der Oldtimer aus Papier gefällt nicht nur begeisterten Anhängern des Automobils. Eine Glückwunschkarte für einen frischgebackenen Führerscheinbesitzer?
Etwas mehr Zeitaufwand erfordert das Nacharbeiten der nostalgischen Lokomotive samt Tender und Wagen: Mit dieser Karte trifft man bei jedem Eisenbahnfan sicher voll ins Schwarze!

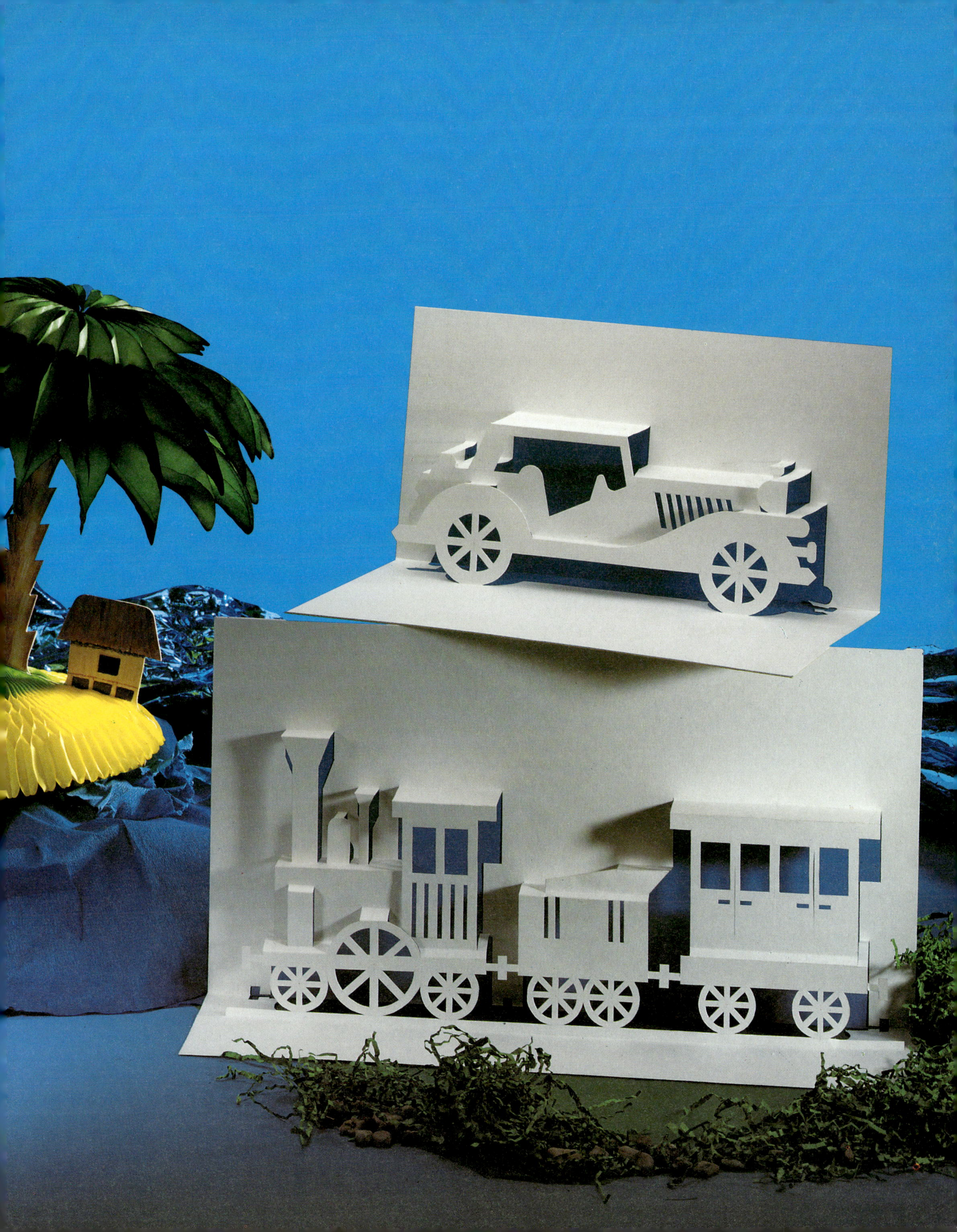

Die Motive auf dieser Doppelseite sind gar nicht so besonders schwer nachzuarbeiten.
Der Hirschkäfer ist ein typisches Beispiel für die symmetrische Falttechnik: Alle Schnitte und Knicke sind gleich weit von der mittleren Hauptfaltlinie der Karte entfernt. Das Tier ist in seinen markanten Formen relativ realistisch wiedergegeben, während der Vogel gegenüber (eine Karte für Aufsteiger?) auf die wesentlichen Erkennungsmerkmale reduziert ist.
Alle anderen Karten entstanden in der asymmetrischen Falttechnik, obwohl die Motivformen Elefant und Steinbock an sich symmetrisch sind (siehe auch die Zeichnungen mit Anleitung auf S. 38/39).
Brauchen Sie eine Geburtstagskarte für jemanden, der im Zeichen des Steinbocks geboren ist? Dann kommt Ihnen der abgebildete Entwurf ja gerade recht. Vielleicht können Sie die Reihe der Tierkreiszeichen mit eigenen Entwürfen erweitern.
Der Elefant sowie die verführerische Schlange sind, wie der Steinbock, mit farbigem Tonpapier um einige Farbakzente bereichert worden. Übrigens eignen sich solche Motive auch gut als Tischkarten: Nicht nur Kinder, sondern auch Erwachsene werden daran Gefallen finden.

Wie prädestiniert die Pop-up-Technik gerade für Architekturmotive ist, beweisen einmal mehr die beiden Häuser. Sie entsprechen den speziellen Gesetzmäßigkeiten dieser Falttechnik mit den 90°-Winkeln, den geraden Linien und den Parallelen am besten.
Bühnenbilder „en miniature": Derartige Papierkunstwerke können das ganze Jahr über Freude bereiten.
Das Haus rechts liegt mitten im „Grünen", wie man unschwer an der üppigen Vegetation erkennen kann. Besonders der Gegensatz von rundlichen und geraden Formen macht dieses Modell so reizvoll. Die räumliche Staffelung trägt das Ihre zur Wirkung der Karte bei.
Bei der mittleren Karte wird der Zaun im Vordergrund einfach aus der Grundfläche hochgeklappt, er kommt beim Öffnen der Karte nicht automatisch hervor. Ich habe ihn bewußt sehr groß entworfen, um dadurch der Szene noch mehr Tiefe zu verleihen.
Auch die Büsche rund um den Elch werden zum Schluß von Hand hochgestellt. Nur die zwei, die nah an der Hintergrundfläche stehen, richten sich beim Aufklappen der Karte von selbst auf. Die Augen des Elchs bestehen aus Tonpapier, das hinter die kreisrunden Ausschnitte geklebt wird.

Liebe, „Schmetterlinge im Bauch", Kirche und anschließend die Hochzeitstorte – eine ganze Geschichte kann man zu diesen Karten assoziieren.
Selbstverständlich bieten sich zum Verschicken dieser Papierkunstwerke auch ganz andere Anlässe an: Eine Torte ist schließlich auch ein „Muß" für jede Geburtstagsfeier oder für ein Jubiläum. Wenn sie auch keinen kulinarischen Genuß verspricht, so sorgt solch eine Karte doch für eine nicht gerade alltägliche Überraschung. Sicherlich wird sie den Festtag, im Gegensatz zu ihrem schmackhaften Original, etwas länger überleben.
Darunter, in mehreren zarten Farben: buchstäblich ein Liebesgruß!
Beim Schmetterling (er entstand in der symmetrischen Falttechnik, siehe auch S. 38/39) wird die Gesamtform zunächst in Weiß ausgeschnitten, bevor dann alle Ausschnitte mit buntem Tonpapier hinterklebt werden. Natürlich können Sie ganz andere Farbzusammenstellungen auswählen oder sogar zartgemustertes Papier für die Ausgestaltung verwenden.
Das Kirchenmotiv wäre auch als Weihnachtskarte denkbar. Lange senkrechte Streifen sind das Hauptgestaltungselement dieser stark vereinfachten Form.

OVE

Nicht nur weißes, sondern auch helles farbiges Papier eignet sich für Pop-up-Karten. Im Gegensatz zu dunklem Material kommen hier durch die Licht- und Schatteneffekte die plastischen Formen gut heraus.
Das linke Haus mit seiner reichgestalteten Fassade wirkt durch die Kombination aus spitzen und treppenförmigen Giebelelementen noch interessanter. Im Vordergrund sind entsprechend geformte Flächen hochgeklappt: Sie verleihen der Karte eine größere räumliche Tiefe.
Bei dem nebenstehenden Neujahrsgruß sind die einzelnen Ziffern der Jahreszahl in architektonische Formen integriert. Selbstverständlich lassen sich auf diese Weise auch Firmenjubiläen, Hochzeitstage und Geburtstage sinnbildlich darstellen. Auch Namenszüge oder spezielle Grußworte zu den unterschiedlichsten Anlässen kann man mit dieser Technik „zu Papier bringen".
„Aufwärts geht's!" Solchen Optimismus bringt diese Papierarchitektur plastisch zum Ausdruck, vielleicht verbunden mit Wünschen zur Genesung oder als Grußkarte bei einem beruflichen Aufstieg. Um einen Akzent zu setzen, wurde der Ausschnitt mit farblich passendem Papier hinterklebt.

Während der Handel zwar eine große Vielfalt an Grußkarten oder Briefpapiersets bietet, beschränkt sich die Auswahl an Umschlägen, wenn sie denn überhaupt farbig sind, meist auf wenige zartfarbene Varianten.

Briefumschläge

Warum sollten Sie also nicht auch hier selbst zu Schere, Klebstoff und bunten Papieren greifen, um etwas Selbstgemachtes zu verschicken? Außerdem haben Sie dabei die Gelegenheit, die Kuverts in Größe und Gestaltung an den Stil Ihrer individuellen Karten anzupassen.

Die erste Möglichkeit: Sie verwenden zwar fertige (farbige) Umschläge, verhelfen ihnen aber zusätzlich mit aufgeklebten Elementen aus Farbpapieren zu einem neuen, ansprechenden „Outfit". Wenige kontrastreiche Akzente in Form graphischer Elemente (Gerade, Kreis, Quadrat, Dreieck...) genügen meist schon, um aus einem langweiligen Kuvert eine originelle Kartenhülle werden zu lassen.

Die zweite Möglichkeit: Sie beschränken sich nicht auf das „Aufmöbeln" vorgefertigter Umschläge, sondern entwerfen ganz persönliche „Verpackungen" genau in der Größe, die Sie für Ihre Kartenkunstwerke benötigen. Auf S. 58 finden Sie Schemazeichnungen für unterschiedliche Kuvertformen.

Gehen Sie bei der Berechnung von den Maßen Ihrer Karte aus und geben Sie rundherum einige Millimeter zu. Diesem Ausgangsformat werden die übrigen vier Teile des ausgewählten Schnittschemas so angepaßt, daß sie sich bei geschlossenem Umschlag etwas überlappen (eventuell vorher mit Zeitungspapier ausprobieren). Schneiden Sie dann die Gesamtform aus Tonpapier aus, und ritzen Sie die Papieroberfläche an den gestrichelten Linien vorsichtig mit dem Cutter an, damit sich dort saubere Falzlinien ergeben. Bestreichen Sie die Ränder der unteren Lasche mit wenig Klebstoff, und kleben Sie sie auf die Seitenteile. Zum Verschließen des Kuverts wird die obere Lasche mit nur einem Tropfen Klebstoff versehen oder nur lose eingesteckt, damit der Umschlag beim Öffnen nicht beschädigt wird.

Die Möglichkeiten zur individuellen Umschlaggestaltung sind mindestens so vielfältig wie bei den Karten. Ich kann daher nur wenige Beispiele herausgreifen, um Ihnen damit Tips für eigene Ideen an die Hand zu geben. Da die Umschlaggröße vom Inhalt abhängig ist und von Ihnen speziell daran angepaßt werden muß, haben wir bewußt auf die Abbildung von Vorlagezeichnungen verzichtet. Außerdem lassen sich diese Beispiele nicht nur sehr einfach nacharbeiten, sondern sie werden Sie sicher dazu inspirieren, selbst kreativ tätig zu werden.

Bei den Umschlägen links wird deutlich, daß man schon mit einfachen Randleisten der Kartenhülle ein ganz neues Gesicht geben kann. Sie können dabei wählen zwischen Längs- und Querstreifen, einer oder mehreren Farben, breiten oder schmalen Streifen und so weiter.

Ausgangspunkt für die Entwürfe rechts war dagegen der benötigte Platz für die Anschrift des Empfängers. Dabei teilen entweder dynamische Zackenmuster oder einfache, geometrische Grundformen die Fläche auf.

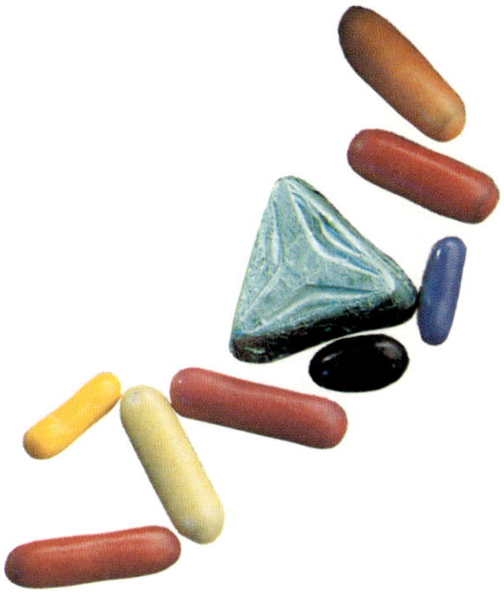

Die Diagonale ist das Gestaltungselement bei den Umschlägen ganz links. Sie verläuft von einer Ecke zur schräg gegenüber liegenden. Oder man verschiebt diese Linie so zur Seite, daß eine Ecke stärker betont wird. Kombinationen aus mehreren schrägen Linien sind natürlich ebenso denkbar wie der Kontrast zu Rundungen (oben links).
Anders bin ich bei den drei Kuverts daneben vorgegangen. Dort habe ich die Flächen in einer Richtung genau in der Mitte geteilt, in der anderen Richtung habe ich die Trennungslinie seitlich verschoben. Streifenmuster setzen Akzente und verleihen dem Kuvert optische Schwerpunkte. Wie ein Geschenk kommt der Brief oben rechts ins Haus geflattert. Dieses Kuvert ist nach dem gleichen Schema aufgeteilt wie die Karten daneben. Edel wirkt die Reduzierung auf die Farben Rot und Schwarz.
Das wolkenförmige Streifenmotiv unten zeigt, daß man den Umschlag auch ganz frei aufteilen kann, ohne sich zu stark an den Ecken oder Rändern zu orientieren.

Vorlagezeichnungen

Damit der beigefügte Vorlagebogen übersichtlich blieb, haben wir alle Motive für die Papierarchitektur auf den folgenden Seiten abgedruckt. Hinweise zum Vergrößern mit Fotokopiergeräten finden Sie auf Seite 36/37.

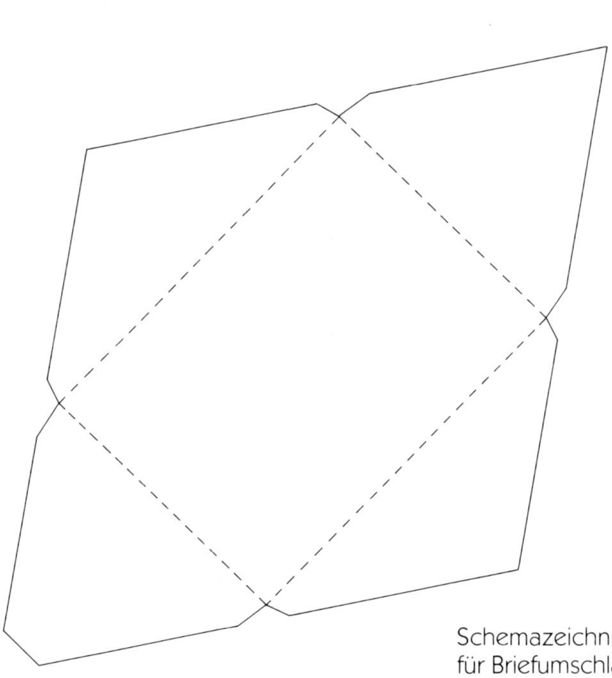

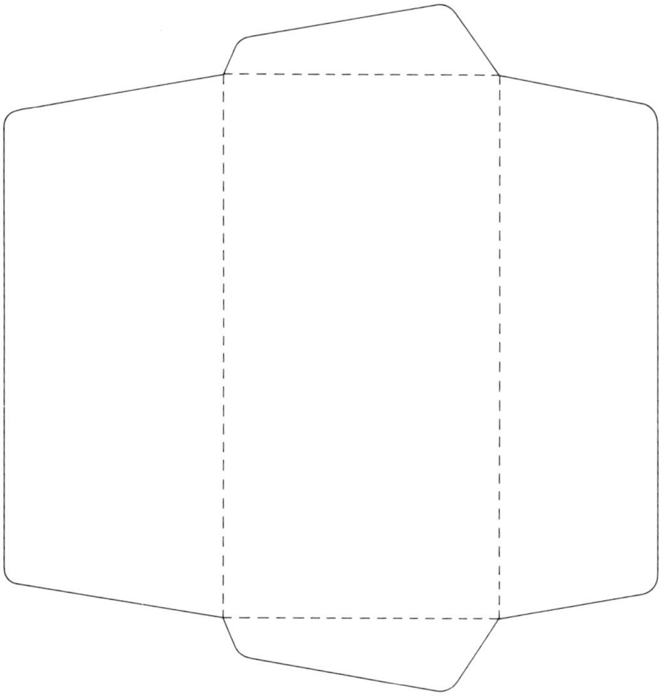

Schemazeichnungen für Briefumschläge (siehe dazu Seite 53)

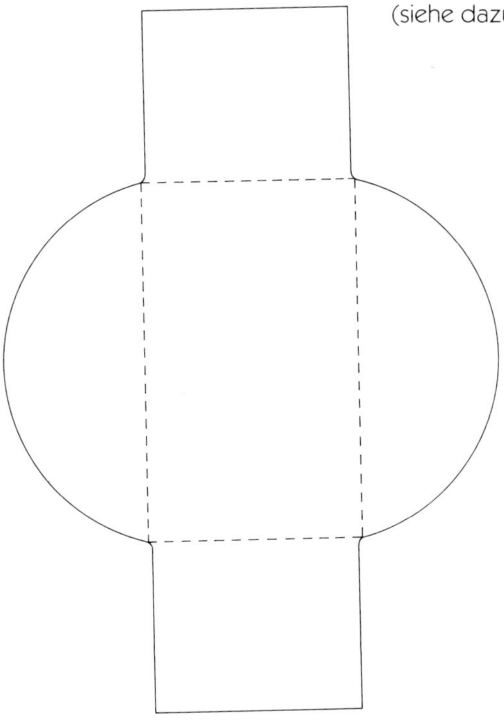

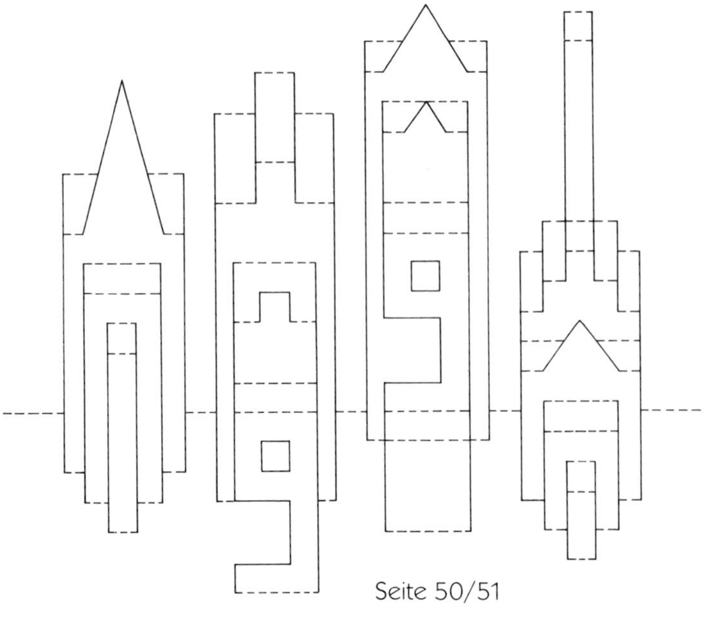

Seite 50/51

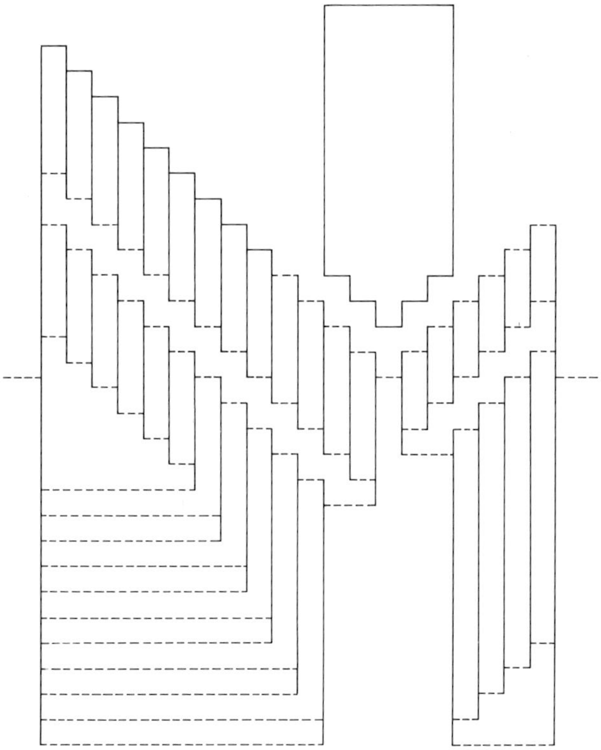

Seite 51

Seite 34

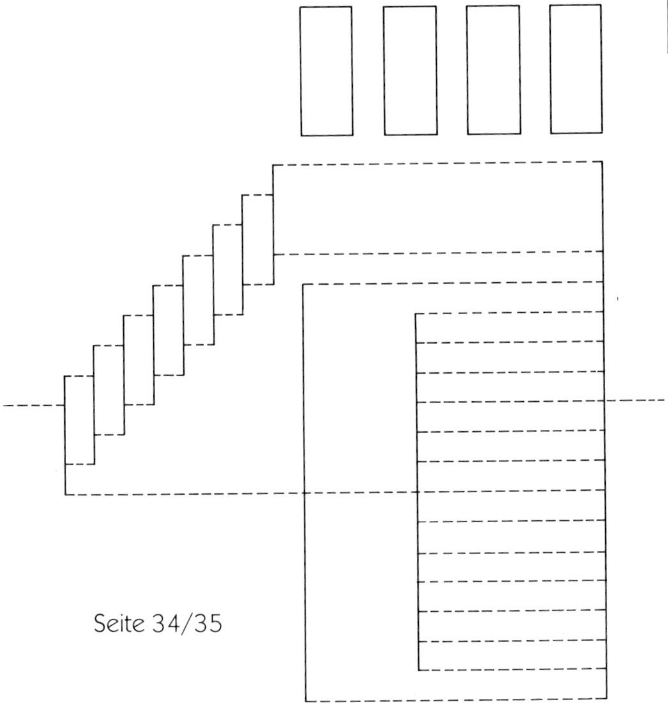

Seite 34/35

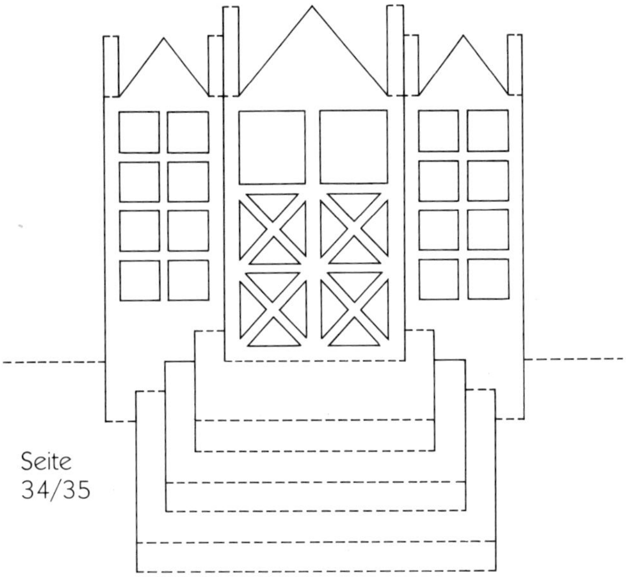

Seite 34/35

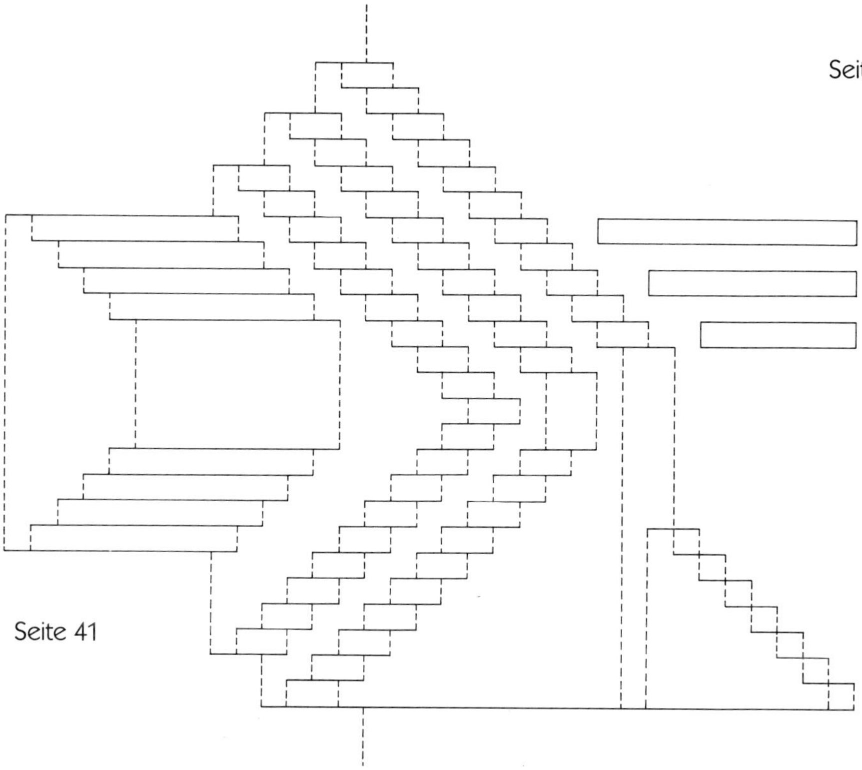

Seite 41

Seite 40

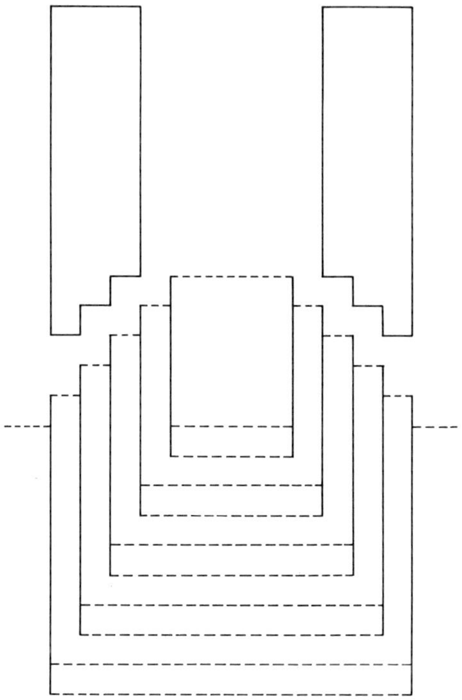

Seite 48

Seite 42

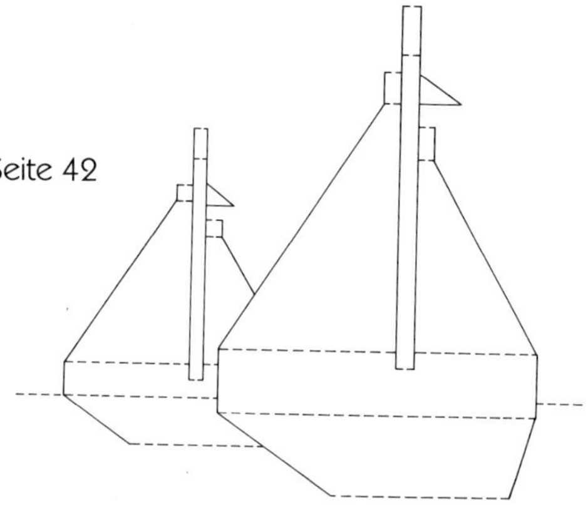

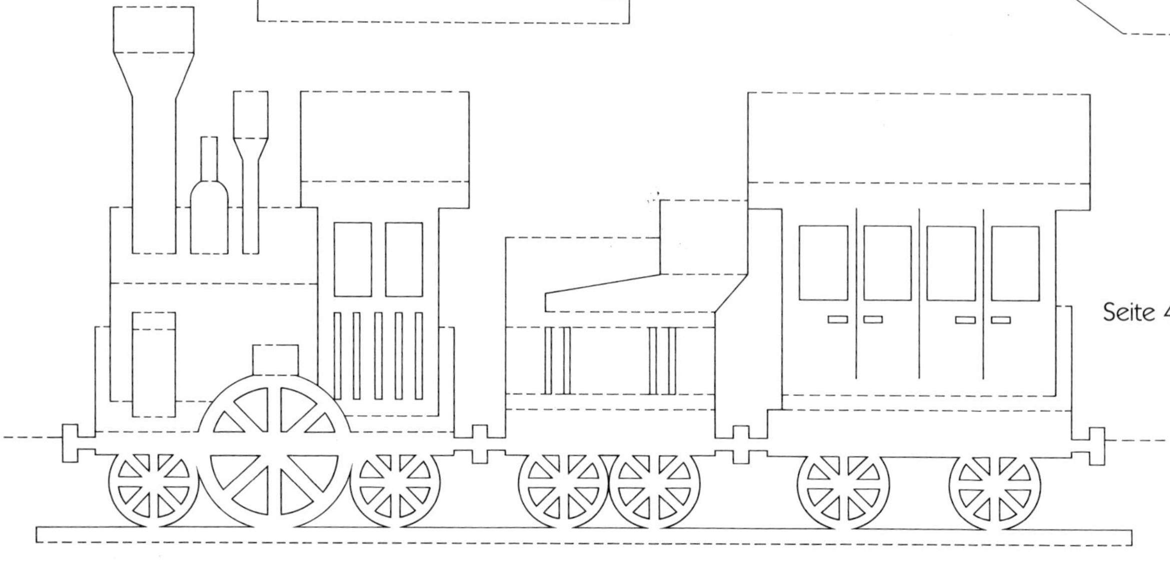

Seite 43

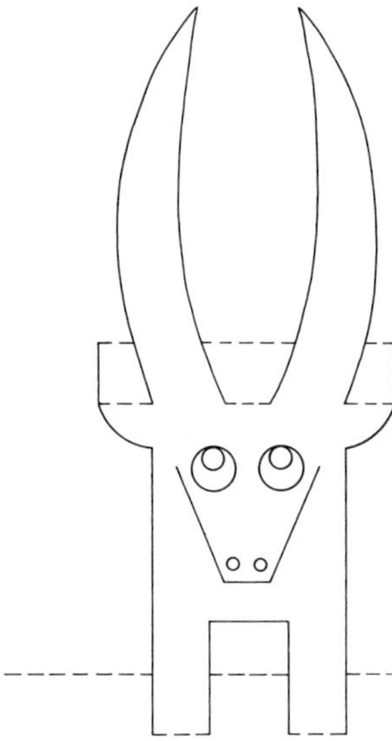

Seite 44

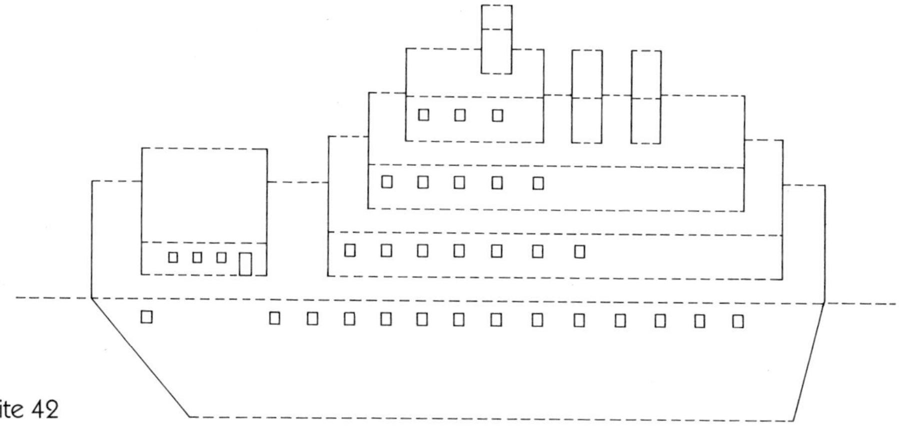

Seite 42

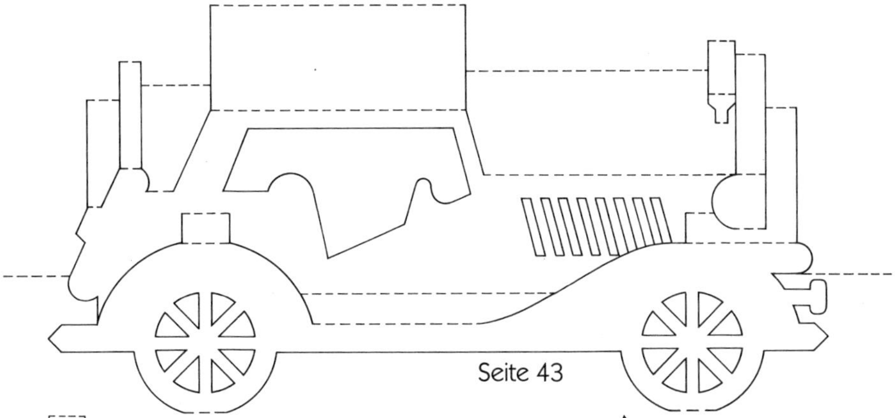

Seite 43

Seite 44

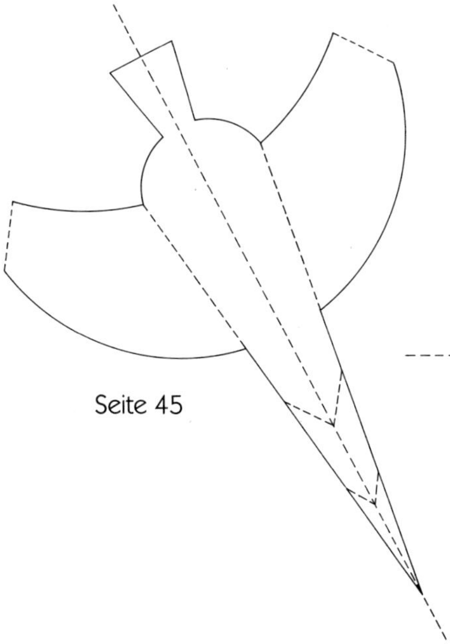

Seite 45

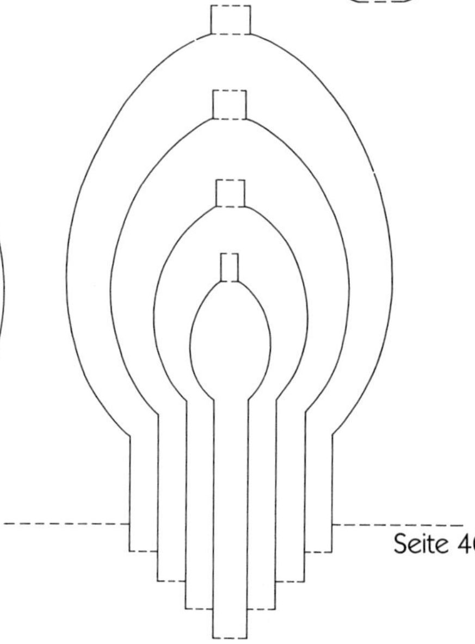

Seite 40/41

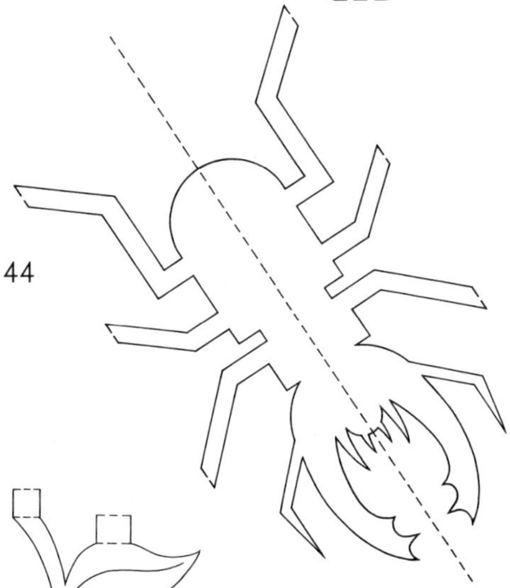

Seite 44

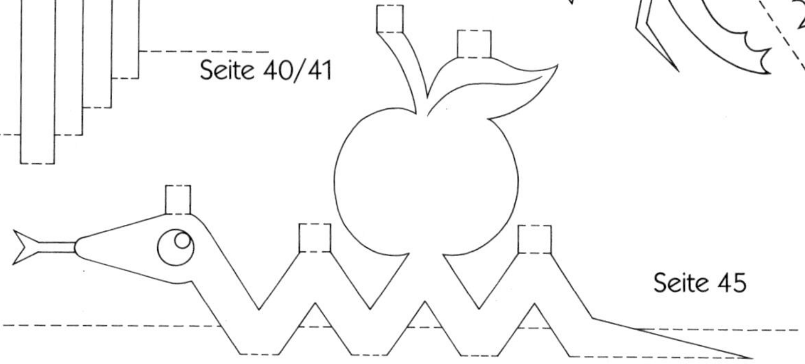

Seite 45

Seite 46

Seite 46/47

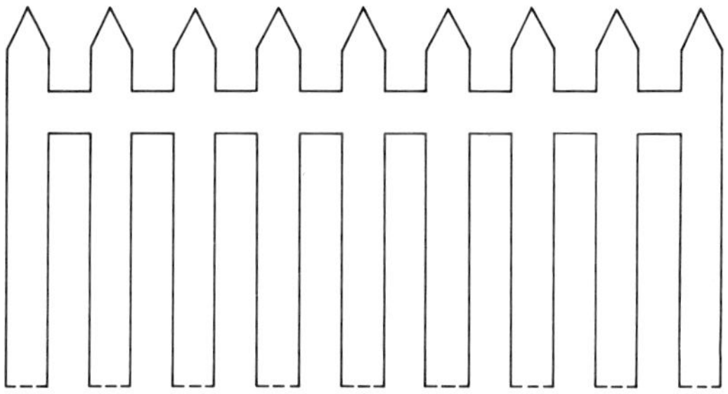

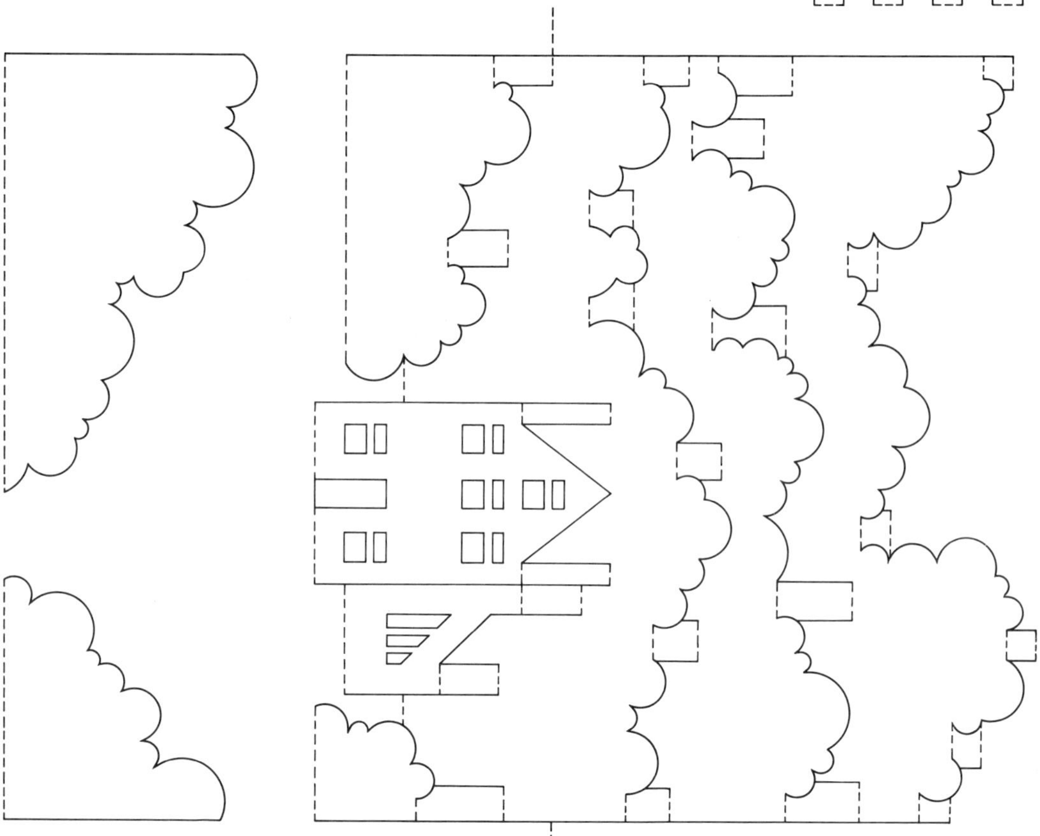

Seite 47

Seite 38

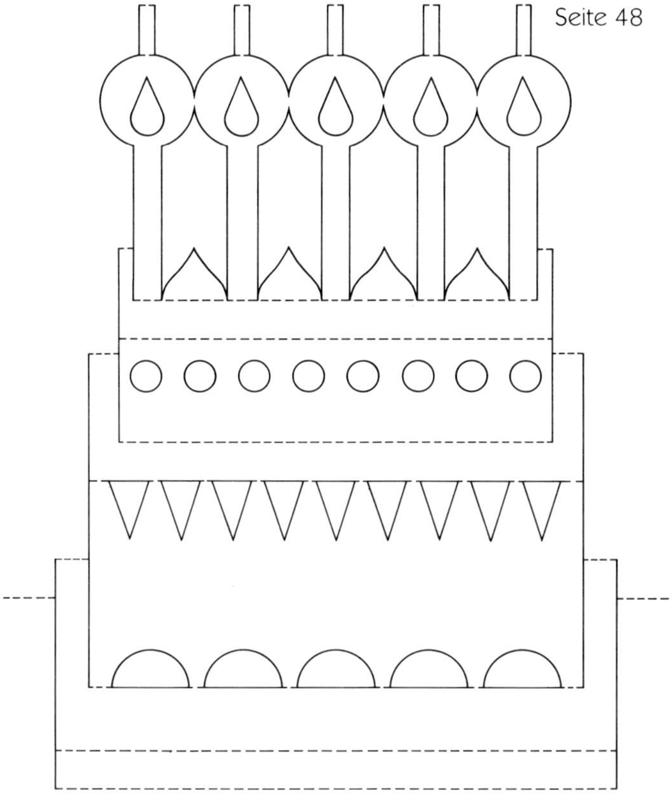

Seite 48

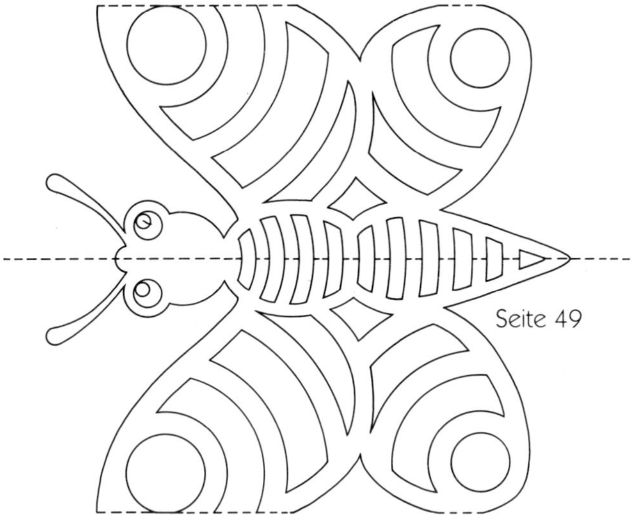

Seite 49

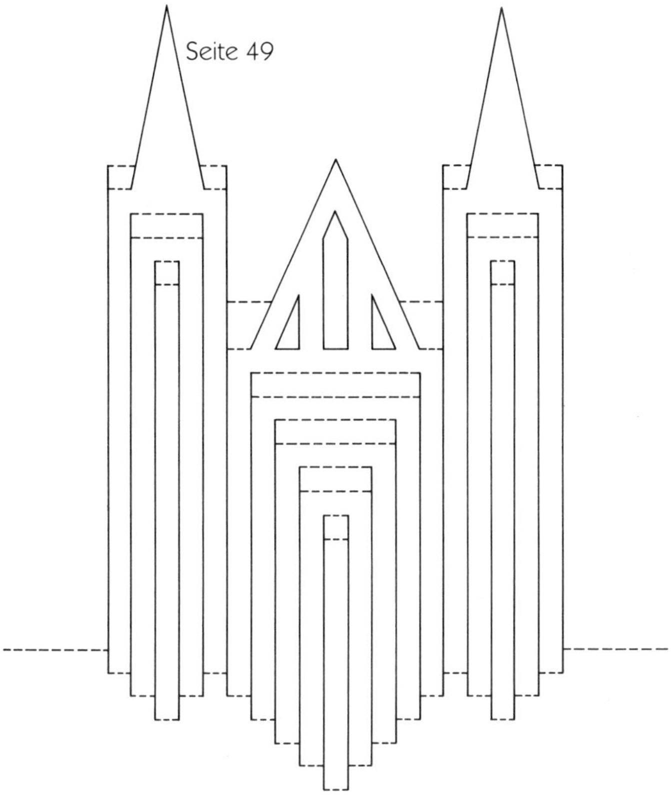

Seite 49

Seite 50

Hier eine Auswahl weiterer FALKEN Bücher zum Thema Papier und Karton: „Geschenke verpacken für Kinderfeste" (Nr. 5195), „Schachteln basteln und dekorieren" (Nr. 5170), „Glückwunschkarten" (Nr. 5179), „Die Kunst, Geschenke zu verpacken" (Nr. 949), „Festdekorationen" (Nr. 1049), „Tischkarten dekorativ gestalten" (Nr. 946), „Heut basteln wir mit Pappe und Papier" (Nr. 4413), „Geschenke wunderschön verpacken" (Nr. 1113), „Geldgeschenke, Gutscheine, Geschenkanhänger" (Nr. 1115), „Die schönsten Fensterbilder aus Papier und Tonkarton" (Nr. 1066), „Zauberwelt Origami" (Nr. 1045) und vieles mehr.
Fragen Sie in Ihrer Buchhandlung oder im Hobby- und Bastelgeschäft!

ISBN 3 8068 1114 8

Besonderer Dank gilt folgenden Graphik-Designern, die mit eigenen Kartenentwürfen zum Gelingen dieses Buches beigetragen haben:
Petra Beutl, Nürnberg: S. 25 (Ananas), S. 26/27 (Elefant, Seehund, Maus, Häschen), S. 30/31 (Tortenstück), S. 32/33 (Orientalisches Gebäude)
Matthias Bumiller, Nürnberg: S. 20/21 (Fliegenpilze)
Sabine Dichtler, Nürnberg: S. 28/29 (Rotes Päckchen, Weihnachtsbaum), S. 30/31 (Kuchen mit Kerzen, Danke, Sorry, Blumenstrauß), S. 32/33 (Mondnacht, Cocktails)
Burkhard Finken, Nürnberg: S. 18/19 (Rennender Hase), S. 26/27 (Strand)
Anne Kraft, Nürnberg: S. 16/17 (Kaffee und Kuchen, Einladung zur Party), S. 20/21 (Häuser bei Nacht)
Alle übrigen Entwürfe stammen von Christian Sanladerer, Nürnberg.

Titelbild: Michael Zorn, Wiesbaden
Fotos: Michael Zorn, Wiesbaden
Zeichnungen: Grafik Design Horn, Wiesbaden (Seite 12/13, 38, 39)
Reinzeichnungen für die Vorlagen auf Seite 58-63: Christian Sanladerer, Nürnberg
Reinzeichnung des Vorlagebogens: Ulrike Hoffmann, Bodenheim
Grafische Gestaltung: Silvia Pohlmann, Wiesbaden

Satz: Fotosatz-Studio Creatype GmbH, Eschborn/Ts.
Druck: Karl Neef GmbH & Co., Wittingen

817 2635 4453 62